Rainer Maria Rilke, der Dichter des bekanntesten und vielleicht auch schönsten Herbst-Gedichtes – »Herr: es ist Zeit. Der Sommer war sehr groß« –, war ein genauer Beobachter der ihn umgebenden Natur; davon zeugt diese Auswahl: Gedichte vom Werden des Frühlings und der Fülle des Sommers, vom Vollenden des Herbstes und der Stille des Winters; Prosatexte, die dem Gleichnishaften von Jahres- und Lebenszeit nachgehen, und briefliche Äußerungen, die aus jahreszeitlichen Stimmungen heraus geschrieben sind.
Ein Buch zur Besinnung, zum Innehalten: es läßt ahnen, daß Neubeginn über ein neues Wahrnehmen möglich sein könnte und daß wir auch in Krisenzeiten aus der Begegnung mit der Natur Zuversicht gewinnen können.

Rainer Maria Rilke, geboren am 4. Dezember 1875 in Prag, ist am 29. Dezember 1926 in Val-Mont (Schweiz) gestorben.

insel taschenbuch 3109

Rainer Maria Rilke

Jahreszeiten

RAINER MARIA RILKE
JAHRESZEITEN

Gedichte und Gedanken

Ausgewählt von Vera Hauschild

Insel Verlag

insel taschenbuch 3109
Erste Auflage 2005

Hinweise zu dieser Ausgabe am Schluß des Bandes
Vertrieb durch den Suhrkamp Taschenbuch Verlag
Umschlag nach Entwürfen von Willy Fleckhaus
Satz: Hümmer GmbH Waldbüttelbrunn
Druck: Nomos Verlagsgesellschaft, Baden-Baden
Printed in Germany
ISBN 3-458-34809-3

3 4 5 6 – 10 09 08 07 06

JAHRESZEITEN

Ach, wir rechnen die Jahre und machen Abschnitte da und dort und hören auf und fangen an und zögern zwischen beidem. Aber wie sehr ist, was uns begegnet, aus einem Stück, in welcher Verwandtschaft steht eines zum anderen, hat sich geboren und wächst heran und wird erzogen zu sich selbst, und wir haben im Grunde nur *dazusein*, aber schlicht, aber inständig, wie die Erde da ist, den Jahreszeiten zustimmend, hell und dunkel und ganz im Raum, nicht verlangend in anderem aufzuruhen als in dem Netz von Einflüssen und Kräften, in dem die Sterne sich sicher fühlen. *An Clara Rilke, 19. Oktober 1907*

Wie oft [...] hol ich allen Atem, den es um mich gibt, um wenigstens zu sagen: ich bin noch da, noch in dieser unmöglichsten aller Welten, – aber die Luft, die man jetzt einzieht, zehrt in den Lungen und reicht, wenn man sie gebrauchen soll, nicht für den mindesten Satz. Weihnachten war, das Jahr hat gewechselt, und so sehr man an diesen Abschnitt glauben wollte, niemand, denk ich, hat ihn empfunden, denn der Kalender ist wie fort, das Kriegsjahr zählt und hat seine eigenen Jahreszeiten, sein Klima, seine Erde und seinen, hinter Gewittern unkenntlichen Himmel.

Aber trotzdem, [...] möge das natürliche Jahr sich dahinter besinnen und ein gutes werden, möchten wir uns bald hier heraus und dort hineinzufinden haben, in einen einfachen freien Frühling, in eine Gotteswelt –, wie werden die Herzen alle die jetzt unter Wasser sind, unter den Wassern der Not, aufsteigen, schweben, selbst die schmerzhaftesten werden ins Steigen kommen, wenn der Druck menschlicher Verhängnisse erst wieder aus der Welt genommen ist. Wann? Wann? Hat man etwas im Herzen als diese Frage?

An Marie Taxis, 5. Januar 1915

FRÜHLING

Blättert zurück in euren Tagebüchern. War da nicht immer um die Frühlinge eine Zeit, da das ausbrechende Jahr euch wie ein Vorwurf betraf? Es war Lust zum Frohsein in euch, und doch, wenn ihr hinaustratet in das geräumige Freie, so entstand draußen eine Befremdung in der Luft, und ihr wurdet unsicher im Weitergehen wie auf einem Schiffe. Der Garten fing an; ihr aber (das war es), ihr schlepptet Winter herein und voriges Jahr; für euch war es bestenfalls eine Fortsetzung. Während ihr wartetet, daß eure Seele teilnähme, empfandet ihr plötzlich eurer Glieder Gewicht, und etwas wie die Möglichkeit, krank zu werden, drang in euer offenes Vorgefühl. Ihr schobt es auf euer zu leichtes Kleid, ihr spanntet den Schal um die Schultern, ihr lieft die Allee bis zum Schluß: und dann standet ihr, herzklopfend, in dem weiten Rondell, entschlossen mit alledem einig zu sein. Aber ein Vogel klang und war allein und verleugnete euch. Ach, hättet ihr müssen gestorben sein?

Vielleicht. Vielleicht ist das neu, daß wir das überstehen: das Jahr und die Liebe. Blüten und Früchte sind reif, wenn sie fallen; die Tiere fühlen sich und finden sich zueinander und sind es zufrieden. Wir aber, die wir uns Gott vorgenommen haben, wir können nicht fertig werden. Wir rücken unsere Natur hinaus, wir brauchen noch Zeit. Was ist uns ein Jahr? Was sind alle? Noch eh wir Gott angefangen haben, beten wir schon zu ihm: laß uns die Nacht überstehen. Und dann das Kranksein. Und dann die Liebe.

Aus »Malte«

Frühling ist wiedergekommen. Die Erde
ist wie ein Kind, das Gedichte weiß;
viele, o viele ... Für die Beschwerde
langen Lernens bekommt sie den Preis.

Streng war ihr Lehrer. Wir mochten das Weiße
an dem Barte des alten Manns.
Nun, wie das Grüne, das Blaue heiße,
dürfen wir fragen: sie kanns, sie kanns!

Erde, die frei hat, du glückliche, spiele
nun mit den Kindern. Wir wollen dich fangen,
fröhliche Erde. Dem Frohsten gelingts.

O, was der Lehrer sie lehrte, das Viele,
und was gedruckt steht in Wurzeln und langen
schwierigen Stämmen: sie singts, sie singts!

Die Vögel jubeln – lichtgeweckt –,
die blauen Weiten füllt der Schall aus;
im Kaiserpark das alte Ballhaus
ist ganz mit Blüten überdeckt.

Die Sonne schreibt sich hoffnungsvoll
ins junge Gras mit großen Lettern.
Nur dorten unter welken Blättern
seufzt traurig noch ein Steinapoll.

Da naht ein Lüftchen, fegt im Tanz
hinweg das gelbe Blattgeranke
und legt um seine Stirn, die blanke,
den blauenden Syringenkranz.

»Einst«, hauchte der Dichter und machte eine Bewegung mit der Hand, mit welcher er dieses Einst noch weiter zurückdrängte, »einst war das vielleicht so, wie es in alten Gedichten steht – der Frühling: ›Licht und Liebe und Leben‹. Wer das noch glaubt, belügt sich.« Er seufzte tief.

Wie schade, dachte der Maler, also kein Frühling mehr.

Machal aber erhob sein Gesicht, das durch große Sommerflecken entstellt war, hoch in das klare Nachmittagslicht und konnte durch das Fenster gerade die Rampe des Nationaltheaters sehen, längs welcher ein Schutzmann auf und nieder ging. Das wollte er nun gerade niemandem zeigen, allein er sagte gleichwohl:

»Schaut nur hinaus. Dieser Kampf mit den blöden brachen Schollen, den jeder der feinen schwachen Keime kämpfen muß, um zu seinem Sommer zu kommen. Hier«, und er schraubte sich noch ein wenig höher – »steht die hilflose Blüte und will blühen; das ist das einzige, was sie kann, sie kann nur blühen, und sie will wirklich niemanden stören damit, und doch sind alle gegen sie: die schwarzen Krumen, die sie nur nach langem Bitten durchlassen, die Tage, die wahllos Wärme und Regen und Wind auf sie herabstreuen, und die Nächte, die sich langsam an sie heranschleichen, um sie zu würgen mit ihren eisigen Fingern. Dieser feige traurige Kampf, das ist der Frühling.« Machal fröstelte; seine Augen starben. ›König Bohusch‹ sah ihn ganz starr an. Das war etwas sehr Ungerechtes, was der Dichter sagte, schien ihm, und er hatte vieles dagegen im Sinn. Es drängte ihn aufzustehen und hochragend und heiter den Frühling zu verteidigen, der dennoch voll Sieg und Sonne war. Ihm stiegen so viele schöne Gedanken in den Kopf, daß ihm die Wangen ganz warm wurden und er eine Sekunde das Atmen vergaß. Aber ach, was hätte es genützt, aufzustehen; sie hätten es kaum bemerkt, denn Bohusch sah, auf der hohen Samtbank sitzend, fast größer aus, als wenn er stand. Auch seine Stimme hätte kaum bis zu Norinski hinüber fliegen können; bei solchen Entfernungen wurde sie schon ungewiß und flatterte wie ein angeschossener Vogel. Das wußte Bohusch. Und so schwieg er, preßte die Lippen, die wie aus Holz geschnitzt waren, eng aneinander und begann, wie oft als Kind, still für sich mit den vielen goldenen Gedanken zu spielen, ganze Berge und Burgen zu bauen, aus deren schlanken Säulenfenstern seine Träume ihn grüßten. [...] Die anderen sprachen jetzt [...] von lauten Dingen und Alltäglichkeiten in wirrem Durcheinander [...]. Bohusch aber dichtete in seiner Ecke an seiner Apologie des Frühlings.

Aus »König Bohusch«

Schon, horch, hörst du der ersten Harken
Arbeit; wieder den menschlichen Takt
in der verhaltenen Stille der starken
Vorfrühlingserde. Unabgeschmackt

scheint dir das Kommende. Jenes so oft
dir schon Gekommene scheint dir zu kommen
wieder wie Neues. Immer erhofft,
nahmst du es niemals. Es hat dich genommen.

Selbst die Blätter durchwinterter Eichen
scheinen im Abend ein künftiges Braun.
Manchmal geben sich Lüfte ein Zeichen.

Schwarz sind die Sträucher. Doch Haufen von Dünger
lagern als satteres Schwarz in den Aun.
Jede Stunde, die hingeht, wird jünger.

Wie manches Mal durch das noch unbelaubte
Gezweig ein Morgen durchsieht, der schon ganz
im Frühling ist: so ist in seinem Haupte
nichts was verhindern könnte, daß der Glanz

aller Gedichte uns fast tödlich träfe;
denn noch kein Schatten ist in seinem Schaun,
zu kühl für Lorbeer sind noch seine Schläfe
und später erst wird aus den Augenbraun

hochstämmig sich der Rosengarten heben,
aus welchem Blätter, einzeln, ausgelöst
hintreiben werden auf des Mundes Beben,

der jetzt noch still ist, niegebraucht und blinkend
und nur mit seinem Lächeln etwas trinkend
als würde ihm sein Singen eingeflößt.

Es ist die eine, immer wieder bestätigte Erfahrung, zu der ich langsam vorgeschritten bin nach einer bangen vielverzagenden Kindheit, daß die wirklichen Fortschritte meines Lebens gewaltsam nicht heraufbewegt werden können, daß sie lautlos eintreten und daß ich an ihnen beschäftigt bin, wenn ich still und inständig an den Dingen arbeite, die ich im tiefsten Sinne als meine Aufgaben erkannt habe. *An Karl von der Heydt, 21. Februar 1907*

EIN FRÜHLINGSWIND

Mit diesem Wind kommt Schicksal; laß, o laß
es kommen, all das Drängende und Blinde,
von dem wir glühen werden –: alles das.
(Sei still und rühr dich nicht, daß es uns finde.)
O unser Schicksal kommt mit diesem Winde.

Von irgendwo bringt dieser neue Wind,
schwankend vom Tragen namenloser Dinge,
über das Meer her *was wir sind.*

.... Wären wirs doch. So wären wir zuhaus.
(Die Himmel stiegen in uns auf und nieder.)
Aber mit diesem Wind geht immer wieder
das Schicksal riesig über uns hinaus.

Wir sind in einem Nebelreich, wie ein Zauber auf der Bühne qualmte es herüber neulich in den hellsten Sonnenmittag, und seither ist alle Weite weg, die Schiffe tuten irgendwo im Unsichtbaren und haben Angst voreinander, nur die nahen Schifferkähne fangen in ihren Segeln das diffuse Licht und erhalten sich als Erscheinung eine Weile im vagen grauen Weltraum. Von Zeit zu Zeit versucht sich das in einem leisen filigranen Regnen, und darüber und über der Stille der Tage kommt der Garten sachte ins Grünen, die gelben doppelten Narzissen an den übereilt vorgebeugten Stengeln drängen sich neugierig auf, und in allen den nicht wintergrünen Sträuchern kommt die feine helle Arbeit ans Licht, die im angestiegenen Saft geplant und vorbereitet war. Man hat das Unkraut weggerissen, die berechtigten Rosenpflanzen sind allein in dem warmbraunen nachdenklichen Erdreich, und es genügt, den Gärtner irgendwo gebückt zu sehen, um eine Spur Rührung zu empfinden, ganz als müßte das Einfache, Fleißige, was er dort tut, auch in Einem zur Geltung kommen und sich lohnen, als müßte auch dort etwas in sein Recht gerückt, ermutigt, aufgebunden sein.

An Marie Taxis, 2. März 1912

WEISSES GLÜCK

Der Assekuranzbeamte Theodor Fink fuhr von Wien an die Riviera. Unterwegs entdeckte er in seinem Handbuch, daß er mitten in der Nacht in Verona ankomme und dort zwei Stunden auf Anschluß warten müsse. Das war ein übriges, welches keineswegs beitrug, seine Stimmung zu verbessern. Er zündete sich eine Zigarette an, fand den Rauch unerträglich und schleuderte sie in weitem Bogen aus dem Fenster; seine Blicke folgten dem glimmenden Punkt in die blasse, nichtssagende Märzlandschaft, in deren tiefsten Talstellen Schneereste wie schmutzige Kissen lagen. Das langweilte ihn ebenso wie der gelbe Roman, der neben ihm auf dem Sitz lag, und mürrisch nahm er zum zehntenmale den Brief vor, welchen sein kranker Bruder ihm aus Nizza geschrieben hatte. Je öfter er die hastigen unsteten Zeilen las, desto deutlicher schien ihm, daß es der Ruf eines Sterbenden sei, dem er folgte. Und ihm wurde immer unbehaglicher.

Er hatte für den um sieben Jahre jüngeren, spätgeborenen Bruder niemals viel übrig gehabt, denn das Kränkliche, Zerbrechliche an ihm war ihm abstoßend, und das Überfeine seiner Empfindung hatte für ihn etwas Unheimliches und Fremdes. Er fürchtete diese bevorstehenden Tage mit den vielen Aufregungen und Mühseligkeiten und empfand nebenbei aufrichtiges Mitleid, welches er allerdings dadurch zu lindern suchte, daß er immer wieder dachte: »Es wäre ja ein Glück für ihn. Wenn man krank ist.« Darüber schlief er ein.

Durchgerüttelt, mit schmerzenden Gliedern und sehr verschlafen, stieg er als einziger in ›*Verona vecchia*‹ aus und folgte dem schweigsamen Portier in den Wartesaal zweiter Klasse. An den hohen Glastüren ließ ihn der Führer stehen. Theodor Fink stieß den Türflügel mit dem Ellbogen auf und wartete an der Schwelle, bis seine Augen sich in dem Dunkel des Raumes zurechtfanden. Allmählich erkannte er die Bogentüren, welche ihm gegenüber auf den Bahnsteig hinausführten, und etwas, was wie ein vielhöckeriges Ungetüm auf vier stämmigen Beinen in der Mitte des Saales stand; es war ein Tisch, mit vielen Gepäckstücken bedeckt. Endlich gewahrte Fink auch die Bänke, welche die Wände rings begleiteten, und er schob sich bis zu der nächsten nach vorwärts, um dort seinen unterbrochenen Schlaf fortzusetzen. Er tastete die Bank hin, und gerade, als er sich neigte, ging draußen jemand mit einer Laterne vorbei, und ein Schimmer zuckte herein und beleuchtete flüchtig das bärtige Gesicht eines schlafenden Mannes. Fink wurde nüchtern und stieß einen Fluch aus. Seine Stimme klang in der Halle lauter als er es erwartet hatte, und wie eine Antwort kam es aus allen

Ecken: ein Stöhnen, ein streckendes Rühren, ein Knarren der Bank, ein tonloses irres Traumwort. Der Ankömmling blieb einen Augenblick wie gebannt. Er dachte: also hier schlafen schon überall Leute. Dann ging er die Wände entlang. In der Nähe der dunkelsten Ecke fühlte er einen freien Platz, und dort ließ er sich wie erschöpft nieder. Er blieb sitzen und wagte nicht den Versuch, die Füße auszustrecken; er war überzeugt, daß zu seiner Rechten und zu seiner Linken Menschen lagen, und scheute sich, sie zu berühren. Er verharrte reglos, und der Schweiß stand ihm auf der Stirn. Seine Lider waren schwer und sanken langsam, aber er riß sie immer nach kurzem wie in jähem Schrecken wieder auf und mußte sich zurechtfinden in dem ungastlichen Raum, über dessen Dielen dann und wann Lichter, wie Möwen, huschten. Fink atmete tief auf, als die Türe, durch welche er eingetreten war, knarrte. Vom matten, rötlichen Dämmer des Ganges hoben sich zwei oder drei Gestalten als Schatten ab. Neue Reisende kamen in den Saal. Die Türe fiel hinter ihnen zu, und Fink mühte sich, die Gestalten zu verfolgen. Aber stumm und lautlos lösten sie sich in dem schweren Dunkel, und nur das Knarren einer Bank ließ vermuten, daß sie sich irgendwo niedergelassen haben mußten. Es blieb wieder still. Allein Fink fand, in seiner übermüdeten Spannung, tausend Geräusche und ging ihnen nach und fühlte in jedem Laut etwas Fremdes und Feindliches. Ihm war, als drängten sich alle die Menschen immer näher an ihn heran, und die Dunkelheit um ihn wurde körperhaft, so daß er endlich hastig ein Zündholz anstrich und erleichtert aufatmete, als er die große, schwarze Leere vor sich erkannte. Gleichwohl entzündete er immer noch eines, um sich ganz zu beruhigen. Als eben wieder ein neues knisternd auflohte, klang eine Stimme aus der Ecke: »Das blendet so, – verzeihen Sie.« Fink lauschte dem leisen Wohlklang. Dann leuchtete er ganz unwillkürlich mit dem tiefgebrannten Spänchen der Stimme nach und glaubte flüchtig ein dichtverschleiertes Frauengesicht zu sehen. Dann verlöschte das Licht, und er saß wieder im Dunkel und wartete auf die Stimme. Und sie kam: »Es ist furchtbar, mit vielen Fremden eine Nacht im selben Raum zu sein. Nicht wahr? Die Menschen sind so seltsam in der Nacht, und ihre Geheimnisse wachsen über sie hinaus. – Es ist furchtbar. – Aber Licht blendet so.« Fink fühlte, daß die liebe leise Stimme das ausgesprochen hatte, was ihn ängstigte. Aber der letzte Satz, der wie eine Entschuldigung klang, nahm ihm plötzlich alles Unheimliche, und er wußte, daß eine junge, vielleicht sogar eine schöne Frau neben ihm saß, und war mit einemmal angeregt von der Möglichkeit, die Wartestunden durch ein kleines Abenteuer zu verkürzen.

Er drehte unwillkürlich seinen Schnurrbart und neigte sich zuvorkommend gegen die dunkle Ecke: »Gnädige reisen auch – hinunter – nach Nizza?«

»Nein, ich kehre zurück in meine Heimat.«

»Schon im März? Es ist noch sehr kalt in Deutschland. Da sind Sie wohl nicht krankheitshalber unten gewesen?« »Oh, ich bin krank.« Das sagte sie traurig, aber versöhnt. Fink schwieg erstaunt und verlegen. Seine Augen suchten durch das Dunkel, aber er konnte nichts erkennen. Die Luft war dunstig und dick. Aus irgend einem Traum stieg ein Stöhnen, und draußen klang die Klingel wie ein Heimchen.

Um etwas zu erwidern, sagte Fink: »Ich bin nicht krank. Aber mein Bruder. Es geht ihm schlecht in Nizza; deshalb fahre ich hin.«

Aus dem Dunkel kams: »Oh – bringen Sie ihn mit zurück. Auch wenn es ihm schlecht geht. Dort in dem frühen Frühling ist alles traurig. Das Leben und das Sterben ...«

Theodor Fink machte eine Bewegung, und die Kranke sagte noch ganz tonlos: »Müde und kranke Menschen müssen zu Hause bleiben.« Der Beamte dachte: Sie muß doch noch jung sein, und dabei fühlte er sich dumm und ungeschickt und roh, als er entgegnete: »Das Klima müssen Sie bedenken, Fräulein ...«

Sie schien das nicht gehört zu haben und fuhr fort: »Ich fahre auch nach Hause. Ich war traurig bei den Blumen und allein ...«

»Sie sind gewiß noch sehr jung, Fräulein«, unterbrach sie Fink und ärgerte sich darüber.

»Ja«, sagte sie einfach, »ich bin jung.« Er ahnte, daß sie lächelte. »Aber deshalb bin ich doch gern allein. Auch zu Hause bin ich viel allein!«

Theodor Fink bereitete die Frage vor: »Wo ist Ihre Heimat?« Allein er konnte sie nicht aussprechen, denn sie erzählte weiter, und ihre Stimme wurde immer weicher und träumerischer dabei und klang wie aus der Ferne.

Sie träumte: »Ein weißes Zimmer hab ich. Denken Sie. Seine Wände sind so hell, daß immer ein wenig Sonne daran bleibt. Auch wenn draußen graue Tage sind. Und es sind viel graue Tage draußen. Aber in meinem Zimmer ists immer licht. Weißer Tüll verhängt die Fenster, und dahinter sind lauter weiße Blumen. Kleine Blumen, die bei mir nie ganz aufblühen. Sie duften auch nicht stark, aber es riecht doch alles nach ihnen: mein Taschentuch, meine Kissen, meine Lieblingsbücher. Jeden Morgen kommt die Schwester Agathe und lächelt. Sie lächelt immer, wenn sie zu mir kommt, und sitzt an meinem Bett in ihrer weißen Nonnenhaube. Ihre Hände fühlen sich an wie Rosenblätter. Sie weiß nichts von der Welt und ich auch nicht: so verstehen wir uns. Nur wenn einmal so selten warm die Sonne scheint, sitzen wir am Fenster und schauen hinaus. Alles ist dann weit von uns, was laut und groß ist: das Meer und der Wald und das Dorf und die Menschen. Am Sonntag, wenn sie läuten, ists wie eine Erinnerung. Gute Menschen aus den früheren Jahren pochen bei mir an. Sie kommen zu mir wie in eine Kirche – Blumen in der Hand, auf den Zehen und im Feiertagskleid . . .«

Es war ganz still. Auch die Klingel draußen schwieg.

Theodor Fink starrte in das Dunkel. Er wartete auf die Stimme. Er fühlte: Sie wird so weitersprechen mit derselben süßen, silbernen Stimme und wird mir vieles sagen. Es ist wie eine Beichte, und ich kann sie nicht verstehen. Vielleicht hört sie einer von den vielen Fremden auf diesen Bänken und versteht sie. Ich kann sie nicht verstehen. Ich fürchte mich vor ihr. Dabei stand Theodor Fink leise auf, ohne daß die Bank knarrte, und tastete zu der Gangtüre. Er verschloß sie ganz vorsichtig hinter sich. Dann eilte er, wie gejagt, durch die matterhellten Gänge, an den verschlafenen Bahnwärtern vorbei, dem Ausgang zu. Endlich fand er das hohe Tor. Er wußte nicht, daß er die dunkle, fremde Lindenallee gegen die Stadt hinunterlief, er fühlte nur immer noch: »Ich kann sie nicht verstehen.« – Erst als ein erster, früher Postwagen an ihm vorbei gegen den Bahnhof rollte, blieb er stehen und nahm den Hut vom Kopfe. Der Morgenwind regte sich leise über ihm in den alten Lindenästen und wehte lauter kleine, kühle Blüten an seine Stirne. –

Will dir den Frühling zeigen,
der hundert Wunder hat.
Der Frühling ist waldeigen
und kommt nicht in die Stadt.

Nur die weit aus den kalten
Gassen zu zweien gehn
und sich bei den Händen halten –
dürfen ihn einmal sehn.

Der rechte Gebrauch, das ist's. Das Hiesige recht in die Hand nehmen, herzlich liebevoll, erstaunend, als unser vorläufig einziges: das ist zugleich, es gewöhnlich zu sagen, die große Gebrauchsanweisung Gottes, *die* meinte der heilige Franz von Assisi aufzuschreiben in seinem Lied an die Sonne, die ihm im Sterben herrlicher war als das Kreuz, das ja nur dazu da stand, in die Sonne zu *weisen.*

Aus »Der Brief des jungen Arbeiters«

Im Februar dieses Jahres war noch viel Winter gewesen; allein im März gab es einen Feiertag – es war das Josephifest –, der alle Welt toll machte. Nicht nur daß der Schnee nur da und dort noch an Hügeln und Bahndämmen, vergessen und verachtet, lag, – ein Grünen war über die befreiten Wiesen gekommen, und über Nacht wiegten sich in dem lauen, lichterjagenden Wind gelbe Kätzchen an den langen, kahlen Ruten.

Da war Luisa ausgegangen, um in der Kirche von Loretto bei dem großen Mittagshochamt zu beten. Aber sie war dann – kaum konnte sie sagen wie, an dem lockenden Glockenspiel der Kapuziner vorübergewandert und hatte erst aufgesehen, als sie hinter dem Baumgarten in einer der weiten einsamen Alleen stand und die Arme ausbreitete. Sie empfand, wie sehr sie alles um sich liebte, wie sehr das alles zu ihr gehörte, und daß dieses leise, freudige Werden mit seinem heimlichen Glück und seiner süßen Sehnsucht ihr Schicksal sei, nicht aber das, was Menschen in dunklem Drange wollten und irrten.

Auf dem Heimwege kamen ihr die lichten Schwärme fröhlicher Menschen entgegen, und da blieb sie lächelnd stehen und schaute über die helle, lebende Landschaft: Man konnte nicht glauben, daß alle diese lachenden Scharen wieder Raum finden würden in den engen Häusern drüben. Das macht: jeder von ihnen ist über sich selbst hinausgewachsen in den schimmernden Tag, den er kaum auf den Schultern spürt. Und der leuchtende Himmel wirft seinen goldenen Glanz so reich und rasch über die Menschen und Dinge, daß sie vergessen, ihre alltäglichen Schatten zu haben, und selber Licht sind in dem flimmernden Land. –

Aus »Die Geschwister«

Sei allem Abschied voran, als wäre er hinter
dir, wie der Winter, der eben geht.
Denn unter Wintern ist einer so endlos Winter,
daß, überwinternd, dein Herz überhaupt übersteht.

Sei immer tot in Eurydike –, singender steige,
preisender steige zurück in den reinen Bezug.
Hier, unter Schwindenden, sei, im Reiche der Neige,
sei ein klingendes Glas, das sich im Klang schon zerschlug.
Sei – und wisse zugleich des Nicht-Seins Bedingung,
den unendlichen Grund deiner innigen Schwingung,
daß du sie völlig vollziehst dieses einzige Mal.

Zu dem gebrauchten sowohl, wie zum dumpfen und stummen
Vorrat der vollen Natur, den unsäglichen Summen,
zähle dich jubelnd hinzu und vernichte die Zahl.

Aus »Die Sonette an Orpheus«

Wasser berauschen das Land.
Ein atemlos trinkender Frühling
taumelt geblendet ins Grün
und stößt seiner Trunkenheit Atem
aus den Munden der Blust.

Tagsüber üben die Nachtigalln
ihres Fühlens Entzückung
und ihre Übermacht
über den nüchternen Stern.

Die Parke, die Fontänen, was man so davon im Gedächtnis behält, so sehr mans auch oft im sehnsüchtig zurückgewandten Gefühl übertreibt, ist nichts, nichts gegen das völlig Imkommensurable ihrer Existenz. Vielleicht auch bin ich im Anschaun wieder etwas vorgeschritten, daß mich alles so übertrifft; aber, denk ich immer wieder, wie alt müßte man werden, um wirklich genügend zu bewundern, um nirgends hinter der Welt zurückzubleiben; wie viel unterschätzt, übersieht, verkennt man noch. Gott, wie viel Gelegenheiten und Beispiele, etwas zu werden, – und gegenüber, wie viel Trägheit, Zerstreuung und Halbwillen auf unserer Seite.

An Anton Kippenberg, 25. März 1910

AUS EINEM APRIL

Wieder duftet der Wald.
Es heben die schwebenden Lerchen
mit sich den Himmel empor, der unseren Schultern
schwer war;
zwar sah man noch durch die Äste den Tag, wie er
leer war, –
aber nach langen, regnenden Nachmittagen
kommen die goldübersonnten
neueren Stunden,
vor denen flüchtend an fernen Häuserfronten
alle die wunden
Fenster furchtsam mit Flügeln schlagen.

Dann wird es still. Sogar der Regen geht leiser
über der Steine ruhig dunkelnden Glanz.
Alle Geräusche ducken sich ganz
in die glänzenden Knospen der Reiser.

FRÜHLING

für Katharina Kippenberg

Nicht so sehr der neue Schimmer tats,
daß wir meinen, Frühling mitzuwissen,
als ein Spiel von sanften Schattenrissen
auf der Klärung eines Gartenpfads.

Schatten eignet uns den Garten an.
Blätterschatten lindert unsern Schrecken,
wenn wir in der Wandlung, die begann,
uns schon vorverwandelter entdecken.

Als ich herkam schneite es, nun ist der Flieder fast vorüber, der Rot- und Weißdorn bevölkert sich mit Blüten, und im vollen Grünsein der Kastanien werden morgen oder übermorgen die blühenden Städte und Türme stehen: was hat die Natur alles getan. Und was tun die Menschen alles, – ich weiß nicht, was sie tun, aber sie sehn größtenteils beschäftigt aus oder wenigstens verliebt, sie sind in Bewegung, ich bin sicher, sie leisten allerhand, sie spielen ihre Rollen, sie schreiben Briefe, und dabei bleibt noch Zeit übrig, zähe Zeit, auf die sie laut loshauen wie auf einen *Clown*, um sie nur loszuwerden. Mich überholt alles, mir kommt fortwährend Zeit zuvor, ich seh ihr in den Rücken wie ein Nachzügler, wie ein Marodeur; zum Teufel, wann wird das aufhören?

Nun glauben Sie nicht, daß ich mich beklage oder daß Paris mich enttäuscht. Im Gegenteil ich finde es wieder so vollzählig und in sich bewegt, so einstimmig mit dem Frühling, aus dem es so viel macht, wie eine schöne Frau aus einem Kleid machen kann, das sie gerne und in einer von sich überzeugten Stunde trägt. Könnten wir ein paar solcher Ausgänge hier zusammen tun wie die in Venedig, Sie würden mir vieles zeigen, was ich vor Überfluß nicht seh, und ich würde Ihnen erzählen. Stellen Sie sich vor, Fürstin, daß sich außerdem die wichtigsten Ausstellungen drängen, daß einem die schönsten Ingres gezeigt werden, herrliche Rembrandts, Blätter mit klaren persischen Illuminierungen; daß Maillol draußen in Marly in seinem primitiven Garten seine Skulpturen sehen läßt –, und daß man nicht hinausfahren kann, ohne die Jugend unzähliger Wälder unter den zugeneigten Himmeln zu sehen und Wege, von denen man jeden einzelnen gehen möchte, so rufend sind sie, so leicht scheint es, auf ihnen weiterzukommen, als ob sie wirklich gingen und man sich ihnen nur überlassen müßte, um im nächsten Augenblick weit, ländlich, frei zu sein. *An Marie Taxis, 10. Mai 1911*

Fragst du mich: Was war in deinen Träumen,
ehe ich dir meinen Mai gebracht?
War ein Wald. Der Sturm war in den Bäumen
und auf allen Wegen kam die Nacht.

Waren Burgen die in Feuer standen,
waren Männer, die das Schlachtschwert schlugen,
waren Frauen, die in Wehgewanden
Kleinod weinend aus den Toren trugen.

Kinder waren, die an Quellen saßen,
und der Abend kam und sang für sie,
sang solang, bis sie das Heim vergaßen
über seiner süßen Melodie.

DIE LIEBENDE

Ja ich sehne mich nach dir. Ich gleite
mich verlierend selbst mir aus der Hand,
ohne Hoffnung, daß ich Das bestreite,
was zu mir kommt wie aus deiner Seite
ernst und unbeirrt und unverwandt.

... jene Zeiten: O wie war ich Eines,
nichts was rief und nichts was mich verriet;
meine Stille war wie eines Steines,
über den der Bach sein Murmeln zieht.

Aber jetzt in diesen Frühlingswochen
hat mich etwas langsam abgebrochen
von dem unbewußten dunkeln Jahr.
Etwas hat mein armes warmes Leben
irgendeinem in die Hand gegeben,
der nicht weiß was ich noch gestern war.

Lösch mir die Augen aus: ich kann dich sehn,
wirf mir die Ohren zu: ich kann dich hören,
und ohne Füße kann ich zu dir gehn,
und ohne Mund noch kann ich dich beschwören.
Brich mir die Arme ab, ich fasse dich
mit meinem Herzen wie mit einer Hand,
halt mir das Herz zu, und mein Hirn wird schlagen,
und wirfst du in mein Hirn den Brand,
so werd ich dich auf meinem Blute tragen.

Du mußt das Leben nicht verstehen,
dann wird es werden wie ein Fest.
Und laß dir jeden Tag geschehen
so wie ein Kind im Weitergehen
von jedem Wehen
sich viele Blüten schenken läßt.

Sie aufzusammeln und zu sparen,
das kommt dem Kind nicht in den Sinn.
Es löst sie leise aus den Haaren,
drin sie so gern gefangen waren,
und hält den lieben jungen Jahren
nach neuen seine Hände hin.

Es gibt so viele Dinge, von denen ein alter Mann einem erzählten müßte, solange man klein ist; denn wenn man erwachsen ist wäre es selbstverständlich, sie zu kennen. Da sind die Sternenhimmel, und ich weiß nicht, was die Menschen über sie schon erfahren haben, ja, nichteinmal die Anordnung der Sterne kenne ich. Und so ist es mit den Blumen, mit den Tieren, mit den einfachsten Gesetzen, die da und dort wirksam sind und durch die Welt gehen mit ein paar Schritten von Anfang nach Ende. Wie Leben entsteht, wie es wirkt in den geringen Wesen, wie es sich verzweigt und ausbreitet, wie Leben blüht, wie es trägt: alles das zu lernen verlangt mich. Durch Teilnahme an alledem mich fester an die Wirklichkeit zu binden, die mich so oft verleugnet, – *dazusein*, nicht nur dem Gefühle, sondern auch dem Wissen nach, immer und immer, das ist es glaube ich, was ich brauche um sicherer zu werden und weniger heimatlos. Du fühlst, daß ich nicht Wissenschaften will, denn es gehört ein Leben für eine jede und keines reicht aus für ihren Anfang; aber aufhören möchte ich, ein Ausgeschlossener zu sein, einer der die tiefere Zeitung seiner Zeit, die weiter hinausweist und zurückreicht, nicht lesen kann, ein Gefangener, der alles ahnt, aber die kleine Gewißheit nicht hat ob jetzt gerade Tag oder Abend ist, Frühling oder Winter. Ich möchte irgendwo wo man das kann, das lernen, was ich wahrscheinlich wüßte, wenn ich auf dem Lande und bei wesentlicheren Menschen hätte aufwachsen dürfen und das, was eine unpersönliche und hastige Schule mir zu sagen versäumt hat und das andere, was seither gefunden und erkannt worden ist und dazu gehört. Nicht Kunstgeschichte und andere Geschichte, nicht das Wesen philosophischer Systeme möchte ich kennen lernen, – nur ein paar große und einfache Gewißheiten, die für alle da sind, möchte ich mir holen und verdienen dürfen; ein paar Fragen möchte ich tun dürfen, Fragen wie Kinder sie tun, zusammenhanglos für den Außenstehenden, aber voll Familienähnlichkeit für mich, der ich ihre Geburt und Abstammung kenne bis ins zehnte Glied.

An Lou Andreas-Salomé, 12. Mai 1904

Die Kindheit ist ein Land, ganz unabhängig von allem. Das einzige Land, in dem es Könige gibt. Warum in die Verbannung gehen? Warum nicht älter und reifer werden in diesem Lande? ... Wozu sich gewöhnen an das, was *andere* glauben? Hat das etwa mehr Wahrheit, als was man glaubt im ersten starken Kindervertrauen? Ich kann mich noch erinnern ... da hatte jedes Ding einen besonderen Sinn, und es gab unzählbar viele Dinge. Und keines war mehr im Werte als ein anderes. Gerechtigkeit war über ihnen. Jedes durfte einmal das Einzige scheinen, durfte Schicksal sein: ein Vogel, der in der Nacht geflogen kam, und nun, schwarz und ernst, auf meinem Lieblingsbaum saß; ein Sommerregen, der den Garten verwandelte, so daß alles Grün Dunkelheit und Glanz bekam; ein Buch, in dessen Blättern eine Blume lag, Gott weiß von wem, – ein Kieselstein von fremder deutsamer Gestalt, – das alles war so, als ob man viel mehr davon wüßte, als die Großen. Es schien, als könnte man glücklich werden und groß durch jedes Ding, aber auch, als könnte man an jedem Dinge sterben ...

Aus »Die Letzten«

KINDHEIT

Es wäre gut viel nachzudenken, um
von so Verlornem etwas auszusagen,
von jenen langen Kindheit-Nachmittagen,
die so nie wiederkamen – und warum?

Noch mahnt es uns –: vielleicht in einem Regnen,
aber wir wissen nicht mehr was das soll;
nie wieder war das Leben von Begegnen,
von Wiedersehn und Weitergehn so voll

wie damals, da uns nichts geschah als nur
was einem Ding geschieht und einem Tiere:
da lebten wir, wie Menschliches, das Ihre
und wurden bis zum Rande voll Figur.

Und wurden so vereinsamt wie ein Hirt
und so mit großen Fernen überladen
und wie von weit berufen und berührt
und langsam wie ein langer neuer Faden
in jene Bilder-Folgen eingeführt,
in welchen nun zu dauern uns verwirrt.

O erster Ruf wagrecht ins Jahr hinein –,
die Vogel-Stimmen stehn.
Du aber treibst schon in die Zeit dein Schrein,
o Kukuk, ins Vergehn –

Da: wie du rufst und rufst und rufst und rufst,
wie einer setzt ins Spiel,
und gar nicht baust, mein Freund, und gar nicht stufst
zum Lied, das uns gefiel.

Wir warten erst und hoffen ... Seltsam quer
durchstreift uns dieser Schrei;
als wär in diesem Schon ein Nimmermehr,
ein frühestes Vorbei –

Liebhaben von Mensch zu Mensch: das ist vielleicht das Schwerste was uns aufgegeben ist, das Äußerste, die letzte Probe und Prüfung, die Arbeit, für die alle andere Arbeit nur Vorbereitung ist. Darum *können* junge Menschen, die Anfänger in Allem sind, die Liebe noch nicht: sie müssen sie lernen. Mit dem ganzen Wesen, mit allen Kräften, versammelt um ihr einsames, banges, aufwärts schlagendes Herz, müssen sie lieben lernen. Lernzeit aber ist immer eine lange, abgeschlossene Zeit und so ist Lieben für lange hinaus und weit ins Leben hinein –: Einsamkeit, gesteigertes und vertieftes Alleinsein für den, der liebt. Lieben ist zunächst nichts, was aufgehen, hingeben und sich mit einem Zweiten vereinen heißt (denn was wäre eine Vereinigung von Ungeklärtem und Unfertigem, noch Ungeordnetem –?), es ist ein erhabener Anlaß für den Einzelnen, zu reifen, in sich etwas zu werden, Welt zu werden, Welt zu werden für sich um eines anderen willen, es ist ein großer, unbescheidener Anspruch an ihn, etwas, was ihn auserwählt und zu Weitem beruft. Nur in diesem Sinne, als Aufgabe an sich zu arbeiten (›zu horchen und zu hämmern Tag und Nacht‹) dürften junge Menschen die Liebe, die ihnen gegeben wird, gebrauchen. Das Aufgehen und das Hingeben und alle Art der Gemeinsamkeit ist nicht für sie, (die noch lange, lange sparen und sammeln müssen) ist das Endliche, ist vielleicht das, wofür Menschenleben jetzt noch kaum ausreichen.

An Franz Xaver Kappus, 14. Mai 1904

Alle Dinge sind ja dazu da, damit sie uns Bilder werden in irgendeinem Sinn. Und sie leiden nicht dadurch, denn während sie uns immer klarer aussprechen, senkt unsere Seele sich in demselben Maße über sie.

An Frieda von Bülow, 27. Mai 1899

Preise dem Engel die Welt, nicht die unsägliche, *ihm*
kannst du nicht großtun mit herrlich Erfühltem; im Weltall,
wo er fühlender fühlt, bist du ein Neuling. Drum zeig
ihm das Einfache, das, von Geschlecht zu Geschlechtern gestaltet,
als ein Unsriges lebt, neben der Hand und im Blick.
Sag ihm die Dinge. Er wird staunender stehn; wie du standest
bei dem Seiler in Rom, oder beim Töpfer am Nil.
Zeig ihm, wie glücklich ein Ding sein kann, wie schuldlos und unser,
wie selbst das klagende Leid rein zur Gestalt sich entschließt,
dient als ein Ding, oder stirbt in ein Ding –, und jenseits
selig der Geige entgeht. – Und diese, von Hingang
lebenden Dinge verstehn, daß du sie rühmst; vergänglich,
traun sie ein Rettendes uns, den Vergänglichsten, zu.
Wollen, wir sollen sie ganz im unsichtbarn Herzen verwandeln
in – o unendlich – in uns! Wer wir am Ende auch seien.
Erde, ist es nicht dies, was du willst: *unsichtbar*
in uns erstehn? – Ist es dein Traum nicht,
einmal unsichtbar zu sein? – Erde! unsichtbar!
Was, wenn Verwandlung nicht, ist dein drängender Auftrag?
Erde, du liebe, ich will. Oh glaub, es bedürfte
nicht deiner Frühlinge mehr, mich dir zu gewinnen –, *einer*,
ach, ein einziger ist schon dem Blute zu viel.
Namenlos bin ich zu dir entschlossen, von weit her.

Immer warst du im Recht, und dein heiliger Einfall
ist der vertrauliche Tod.

Siehe, ich lebe. Woraus? Weder Kindheit noch Zukunft
werden weniger ... Überzähliges Dasein
entspringt mir im Herzen.

Aus »Die neunte Elegie«

SOMMER

Mädchen in meiner Heimat. Daß die schönste von euch im Sommer an einem Nachmittag in der verdunkelten Bibliothek sich das kleine Buch fände, das Jan des Tournes 1556 gedruckt hat. Daß sie den kühlenden, glatten Band mitnähme hinaus in den summenden Obstgarten oder hinüber zum Phlox, in dessen übersüßtem Duft ein Bodensatz schierer Süßigkeit steht. Daß sie es früh fände. In den Tagen, da ihre Augen anfangen, auf sich zu halten, während der jüngere Mund noch imstande ist, viel zu große Stücke von einem Apfel abzubeißen und voll zu sein.

Und wenn dann die Zeit der bewegteren Freundschaften kommt, Mädchen, daß es euer Geheimnis wäre, einander Dika zu rufen und Anaktoria, Gyrinno und Atthis. Daß einer, ein Nachbar vielleicht, ein älterer Mann, der in seiner Jugend gereist ist und längst als Sonderling gilt, euch diese Namen verriete. Daß er euch manchmal zu sich einlüde, um seiner berühmten Pfirsiche willen oder wegen der Ridingerstiche zur Equitation oben im weißen Gang, von denen so viel gesprochen wird, daß man sie müßte gesehen haben.

Aus »Malte«

Schon bricht das Glück, verhalten viel zu lang,
höher hervor und überfüllt die Wiese;
der Sommer fühlt schon, der sich streckt, der Riese,
im alten Nußbaum seiner Jugend Drang.

Die leichten Blüten waren bald verstreut,
das ernstre Grün tritt handelnd in die Bäume,
und, rund um sie, wie wölbten sich die Räume,
und wieviel morgen war von heut zu heut.

PRIMA-VERA

Erste Rosen erwachen,
und ihr Duften ist zag
wie ein leisleises Lachen:
flüchtig mit schwalbenflachen
Flügeln streift es den Tag.

Und wohin du langst,
da ist Alles noch Angst.

Jeder Schimmer ist scheu,
und kein Klang ist noch zahm,
und die Nacht ist zu neu,
und die Schönheit ist Scham . . .

Orte, Landschaften, Tiere, Dinge: alles das weiß ja in Wirklichkeit nicht von uns: wir gehen durch wie ein Bild durch den Spiegel geht. Wir gehen durch: das ist unsere ganze Beziehung, und die Welt ist zu wie ein Bild: wir kommen nirgends hinein. Aber gerade darum hilft uns das alles so: die Landschaft, dieser Baum, durch den der Wind blättert, dieses Ding das umgeben ist vom Nachmittag und in sich beschäftigt, wie alle Dinge –: weil wir nichts von alledem mitreißen können in unser Ungewisses, in unsere Gefahr, in unser dunkles unaufgeklärtes Herz; darum hilft uns das alles. Und ist Ihnen nie aufgefallen, daß dies der Zauber aller Kunst ist, ihre ungeheuere und heroische Kraft: daß sie uns mit diesem Fremdesten verwechselt, es in uns und uns in es verwandelt, unser Leid in die Dinge legt und das Unbewußte und Unbefangene der Dinge in uns hineinwirft aus rasch gewendeten Spiegeln –? *An Sidonie Nádherný von Borutin, 13. Juni 1908*

Heil dem Geist, der uns verbinden mag;
denn wir leben wahrhaft in Figuren.
Und mit kleinen Schritten gehn die Uhren
neben unserm eigentlichen Tag.

Ohne unsern wahren Platz zu kennen,
handeln wir aus wirklichem Bezug.
Die Antennen fühlen die Antennen,
und die leere Ferne trug …

Reine Spannung. O Musik der Kräfte!
Ist nicht durch die läßlichen Geschäfte
jede Störung von dir abgelenkt?

Selbst wenn sich der Bauer sorgt und handelt,
wo die Saat in Sommer sich verwandelt,
reicht er niemals hin. Die Erde *schenkt.*

Aber wir, eingezwängt zwischen Gestern und Morgen, wir, werden wir je wieder am Schweben der großen Beziehungen arglos, still, gelassen beteiligt sein? Oder verschreckt unten bleiben mit dem Stempel einer Zeit auf den Schultern, Mitwisser unvergeßlicher Einzelheiten, Mitschuldige am Großen wie am Nur-Furchtbaren, aufgebraucht von diesem Ertragen und Leisten und Ausstehn –; werden wir nicht auch später, für immer, wie wirs jetzt lernen, alles Verstehen aufschieben, das Menschliche für unentwirrbar halten, die Geschichte für einen Urwald, dessen Boden wir nie erreichen, weil er unendlich, Schicht über Schicht, auf Gestürztem steht, eine Erscheinung auf dem Rücken des Untergangs –?

An Marie Taxis, 9. Juli 1915

Es muß dies eine von jenen Tagesfrühen gewesen sein, wie es solche im Juli gibt, neue, ausgeruhte Stunden, in denen überall etwas frohes Unüberlegtes geschieht. Aus Millionen kleinen ununterdrückbaren Bewegungen setzt sich ein Mosaik überzeugtesten Daseins zusammen; die Dinge schwingen ineinander hinüber und hinaus in die Luft, und ihre Kühle macht den Schatten klar und die Sonne zu einem leichten, geistigen Schein. Da gibt es im Garten keine Hauptsache; alles ist überall, und man müßte in allem sein, um nichts zu versäumen. *Aus »Malte«*

Dein Garten wollt ich sein zuerst
und Ranken haben und Rabatten
und deine Schönheit überschatten,
damit du mit dem muttermatten
Lächeln gern mir wiederkehrst.

Da aber – als du kamst und gingst,
ist etwas mit dir eingetreten:
das ruft mich zu den roten Beeten,
wenn du mir aus den weißen winkst.

Ich möchte Purpurstreifen spannen
und möchte füllen bis zum Rand
mit Balsamöl aus Onyxkannen
die Blumenlampen, die entbrannt
im Mittag flammen, und verbrennen
bis wir uns mit dem Namen nennen,
der Sterne ruft und Tage bricht;
die Täler taun, die Winde fallen
den Dingen in den Schoß und allen
ist bang nach deinem Angesicht.

Ich möchte dir ein Liebes schenken,
das dich mir zur Vertrauten macht:
aus meinem Tag ein Deingedenken
und einen Traum aus meiner Nacht.

Mir ist, daß wir uns selig fänden
und daß du dann wie ein Geschmeid
mir löstest aus den müden Händen
die niebegehrte Zärtlichkeit.

Die Turmstube ist dunkel.

Aber sie leuchten sich ins Gesicht mit ihrem Lächeln. Sie tasten vor sich her wie Blinde und finden den Andern wie eine Tür. Fast wie Kinder, die sich vor der Nacht ängstigen, drängen sie sich in einander ein. Und doch fürchten sie sich nicht. Da ist nichts, was gegen sie wäre: kein Gestern, kein Morgen; denn die Zeit ist eingestürzt. Und sie blühen aus ihren Trümmern.

Er fragt nicht: »Dein Gemahl?«

Sie fragt nicht: »Dein Namen?«

Sie haben sich ja gefunden, um einander ein neues Geschlecht zu sein.

Sie werden sich hundert neue Namen geben und einander alle wieder abnehmen, leise, wie man einen Ohrring abnimmt.

Aus »Cornet«

DAS ROSEN-INNERE

Wo ist zu diesem Innen
ein Außen? Auf welches Weh
legt man solches Linnen?
Welche Himmel spiegeln sich drinnen
in dem Binnensee
dieser offenen Rosen,
dieser sorglosen, sieh:
wie sie lose im Losen
liegen, als könnte nie
eine zitternde Hand sie verschütten.
Sie können sich selber kaum
halten; viele ließen
sich überfüllen und fließen
über von Innenraum
in die Tage, die immer
voller und voller sich schließen,
bis der ganze Sommer ein Zimmer
wird, ein Zimmer in einem Traum.

Denn *das* ist Schuld, wenn irgendeines Schuld ist:
die Freiheit eines Lieben nicht vermehren
um alle Freiheit, die man in sich aufbringt.
Wir haben, wo wir lieben, ja nur dies:
einander lassen; denn daß wir uns halten,
das fällt uns leicht und ist nicht erst zu lernen.

Aus »Requiem. Für eine Freundin«

Wir sind nicht gemacht zwei Leben zu haben; als ich mich immer nach einer Wirklichkeit sehnte, nach einem Haus, nach Menschen, die weithinsichtbar zu mir gehörten, nach dem Täglichen –: wie irrte ich da. Seit ich es habe, fällt es von mir ab, eins nach dem anderen. Was war mir mein Haus anderes, als eine Fremde, für die ich arbeiten sollte, und was sind mir die nahen Menschen mehr als ein Besuch, der nicht gehen will. Wie verliere ich mich jedesmal, wenn ich ihnen etwas sein will; wie gehe ich von mir fort und kann zu ihnen nicht kommen und bin zwischen ihnen und mir unterwegs und so auf der Reise, daß ich nicht weiß wo ich bin und wie viel Meines mit mir und erreichbar ist. Wem kann ich was sein, da ich doch keinen Beruf habe zu den Menschen und kein Recht auf sie? Wie müßte der leben, der sein Kind wirklich sein nennen dürfte; wie sollte der etwas anderes tun, als es erwerben wollen Tag und Nacht? Da kommen Aufgaben aus jedem Verhältnis, Anforderungen und Gesetze legen sich aus jeder Beziehung auf und man kann des Lebens Glück und Größe in sie hineinlenken und wachsen an ihnen zu sich selbst. Es gibt solche, die es können. Andere aber sind Einsame von Grund aus und es ist Ihnen nicht bestimmt gesellig zu sein; aus jeder Beziehung kommt ihnen eine Gefahr und eine Feindschaft; das Haus, das sie bauen, steht auf ihnen auf, weil sie keine Heimat haben, die es trägt, und mit lieben Menschen, die nahe sind, tritt Allzunahes bei ihnen ein und Weite bleibt aus.

O Lou, in einem Gedicht, das mir gelingt, ist viel mehr Wirklichkeit als in jeder Beziehung oder Zuneigung, die ich fühle; wo ich schaffe bin ich wahr und ich möchte die Kraft finden, mein Leben ganz auf diese Wahrheit zu gründen, auf diese unendliche Einfachheit und Freude, die mir manchmal gegeben ist. Schon als ich zu Rodin ging suchte ich das; denn ahnungsvoll wußte ich seit Jahren von seines Werkes unendlichem Beispiel und Vorbild. Nun, da ich von ihm kam, weiß ich, daß auch ich keine anderen Verwirklichungen verlangen und suchen dürfte, als die meines Werkes; dort ist mein Haus, dort sind die Gestalten, die mir wirklich nahe sind, dort sind die Frauen, die ich brauche und die Kinder, die aufwachsen und lange leben werden. Aber wie soll ich es anfangen, diesen Weg zu gehen, – wo ist das Handwerk meiner Kunst, ihre tiefste und geringste Stelle, an der ich beginnen dürfte tüchtig zu sein? Ich will jeden Rückweg gehen bis zu jenem Anfang hin und alles, was ich gemacht habe, soll nichts gewesen sein, geringer denn das Fegen einer Schwelle, zu der der nächste Gast wieder die Spur des Weges trägt. Ich habe Geduld für Jahrhunderte in mir und will leben als wäre meine Zeit sehr groß. Ich will mich sammeln aus allen Zerstreuungen, und aus den zu schnellen Anwendungen will ich das Meine zurückholen und aufsparen. Aber ich höre Stimmen, die es gut meinen, und Schritte, die näher kommen, und meine Türen gehen … Und wenn ich Menschen suche, so raten sie mir nicht und wissen nicht was ich meine. Und Büchern gegenüber bin ich ebenso (so unbeholfen), und sie helfen mir auch nicht, als ob auch sie noch zu sehr Menschen wären … Nur die Dinge reden zu mir. Rodins Dinge, die Dinge an den gotischen Kathedralen, die antikischen Dinge, – alle Dinge, die vollkommene Dinge sind. Sie wiesen mich auf die Vorbilder hin; auf die bewegte lebendige Welt, einfach und ohne Deutung gesehen als Anlaß zu Dingen. Ich fange an, Neues zu sehen: schon sind mir Blumen oft so unendlich viel und aus Tieren kamen mir Anregungen seltsamer Art. Und auch Menschen erfahre ich schon manchmal so, Hände leben irgendwo, Munde reden, und ich schaue alles ruhiger und mit größerer Gerechtigkeit.

Aber mir fehlt immer noch die Disciplin, das Arbeitenkönnen und Arbeitenmüssen, nach dem ich mich seit Jahren sehne. Fehlt mir die Kraft? Ist mein Wille krank? Ist es der Traum in mir, der alles Handeln hemmt? Tage gehen hin und manchmal höre ich das Leben gehen. Und noch ist nichts geschehn, noch ist nichts Wirkliches um mich; und ich teile mich immer wieder und fließe auseinander, – und möchte doch so gerne in *einem* Bette gehen und groß werden. Denn, nichtwahr Lou, es soll so sein; wir sollen wie ein Strom sein und nicht in Kanäle treten und Wasser zu den Weiden führen? Nichtwahr, wir sollen uns zusammenhalten und rauschen? Vielleicht dürfen wir, wenn wir sehr alt werden, einmal, ganz zum Schluß, nachgeben, uns ausbreiten, und in einem Delta münden – *liebe* Lou!

An Lou Andreas-Salomé, 8. August 1903

(Leise)

Weißt Du: Was das Leben wirklich ist,
mißt
nicht nach Jahren.
Du kannst es erfahren
in *einer* Nacht.
Gib Acht:
Du kannst es erwerben
zwischen zwei Sonnen
mit allen Wonnen –
und hernach
in deinem Gemach
jahrelang sterben,
– –
was tuts?
– –

(heiß)

Wenn Dir nur *einmal* der göttergewollte
goldene Wagen
rasend durchrollte
die Bahnen des Bluts!
Wenn er Dir auch am Ziele
zerschellt.
In diesem Spiele
mußt Du die Welt vergeuden,
in alle Freuden
Feuer schleudern
zugleich.
Reich
mußt Du sein – –

Wie der Wein
mußt Du werden,
mußt einmal reifen
und Gott ergreifen
in Ungedulden
und in den Mulden
der schöneren Schalen
Dich breiten!
Dann wird einer der Lebenden
Dich heben ins Blinken
und mit bebenden
Lippen Dich trinken
auf einen Zug ....

Aus »Die weiße Fürstin«

Rose, du thronende, denen im Altertume
warst du ein Kelch mit einfachem Rand.
Uns aber bist du die volle zahllose Blume,
der unerschöpfliche Gegenstand.

In deinem Reichtum scheinst du wie Kleidung
um Kleidung
um einen Leib aus nichts als Glanz;
aber dein einzelnes Blatt ist zugleich die Vermeidung
und die Verleugnung jedes Gewands.

Seit Jahrhunderten ruft uns dein Duft
seine süßesten Namen herüber;
plötzlich liegt er wie Ruhm in der Luft.

Dennoch, wir wissen ihn nicht zu nennen, wir raten ...
Und Erinnerung geht zu ihm über,
die wir von rufbaren Stunden erbaten.

Die trägen, lässigen Sommertage gingen langsam dem Feste von Mariens Himmelfahrt entgegen. Eine schwere Traurigkeit lag über Wankas. Das Heimweh, welches die vier Menschen schon fast vergessen hatten, kam wieder in einer anderen, unerwarteten Gestalt über sie. Sie sehnten sich nicht mehr nach der Vergangenheit, sondern sie träumten in den heißen Stuben hinter dichtverhangenen Fenstern von dem leichten, luftigen Dorfsommer, dem die kühlen Wälder so nachbarlich sind. Von den hellen Feldwegen, über welche die jungen Obstbäumchen ihre rührend dünnen Schatten legen, so daß man drüber hin wie auf einer Leiter geht, von Strich zu Strich. Von den schweren, reifen Feldern, die so breit und prächtig zu wogen beginnen gegen den Abend zu, und von den Hainen, in deren dunkelnder Stille die schweigsamen Teiche liegen, von denen niemand weiß, wie tief sie sind. Und dabei dachte jeder von den vier Menschen an irgend eine bestimmte unbedeutende Stunde, deren kleines Glück man einst, ohne es zu werten, eben so mitgenommen hatte. Und um so schmerzlicher war dieses Sehnen, als es nicht ein Unwiederbringliches betraf, als jeder fühlte, wie der heitere Heimatsommer ihn erwartete und traurig wurde, wenn keiner kam.

Aus »Die Geschwister«

Schlecht leben die Geliebten und in Gefahr. Ach, daß sie sich überstünden und Liebende würden. Um die Liebenden ist lauter Sicherheit. Niemand verdächtigt sie mehr, und sie selbst sind nicht imstande, sich zu verraten. In ihnen ist das Geheimnis heil geworden, sie schreien es im Ganzen aus wie Nachtigallen, es hat keine Teile. Sie klagen um einen; aber die ganze Natur stimmt in sie ein: es ist die Klage um einen Ewigen. Sie stürzen sich dem Verlorenen nach, aber schon mit den ersten Schritten überholen sie ihn, und *vor* ihnen ist nur noch Gott. Ihre Legende ist die der Byblis, die den Kaunos verfolgt bis nach Lykien hin. Ihres Herzens Andrang jagte sie durch die Länder auf seiner Spur, und schließlich war sie am Ende der Kraft; aber so stark war ihres Wesens Bewegtheit, daß sie, hinsinkend, jenseits vom Tod als Quelle wiedererschien, eilend, als eilende Quelle.

Was ist anderes der Portugiesin geschehen: als daß sie innen zur Quelle ward? Was dir, Heloïse? was euch, Liebenden, deren Klagen auf uns gekommen sind: Gaspara Stampa; Gräfin von Die und Clara d'Anduze; Louise Labbé, Marceline Desbordes, Elisa Mercœur? Aber du, arme flüchtige Aïssé, du zögertest schon und gabst nach. Müde Julie Lespinasse. Trostlose Sage des glücklichen Parks: Marie-Anne de Clermont.

Ich weiß noch genau, einmal, vorzeiten, zuhaus, fand ich ein Schmucketui; es war zwei Hände groß, fächerförmig mit einem eingepreßten Blumenrand im dunkelgrünen Saffian. Ich schlug es auf: es war leer. Das kann ich nun sagen nach so langer Zeit. Aber damals, da ich es geöffnet hatte, sah ich nur, woraus diese Leere bestand: aus Samt, aus einem kleinen Hügel lichten, nicht mehr frischen Samtes; aus der Schmuckrille, die, um eine Spur Wehmut heller, leer, darin verlief. Einen Augenblick war das auszuhalten. Aber vor denen, die als Geliebte zurückbleiben, ist es vielleicht immer so. *Aus »Malte«*

Die Tage sind lang und still und gehen langsam in vielen Dämmerungen aus. Dann gehe ich unter sehr großen Kastanien, unter denen der Raum eines Saales liegt, auf und nieder, von einem alten verwitterten Denkstein, der unter einem Goldregenbaum steht, bis zu einem anderen, um den in Duft und Gedränge Phlox und Mohn durcheinanderwachsen. *An Lou Andreas-Salomé, 16. August 1904*

Ich bin zu Hause zwischen Tag und Traum.
Dort wo die Kinder schläfern, heiß vom Hetzen,
dort wo die Alten sich zu Abend setzen,
und Herde glühn und hellen ihren Raum.

Ich bin zu Hause zwischen Tag und Traum.
Dort wo die Abendglocken klar verklangen
und Mädchen, vom Verhallenden befangen,
sich müde stützen auf den Brunnensaum.

Und eine Linde ist mein Lieblingsbaum;
und alle Sommer, welche in ihr schweigen,
rühren sich wieder in den tausend Zweigen
und wachen wieder zwischen Tag und Traum.

Ich glaube, ich müßte anfangen, etwas zu arbeiten, jetzt, da ich sehen lerne. Ich bin achtundzwanzig, und es ist so gut wie nichts geschehen. Wiederholen wir: ich habe eine Studie über Carpaccio geschrieben, die schlecht ist, ein Drama, das ›Ehe‹ heißt und etwas Falsches mit zweideutigen Mitteln beweisen will, und Verse. Ach, aber mit Versen ist so wenig getan, wenn man sie früh schreibt. Man sollte warten damit und Sinn und Süßigkeit sammeln ein ganzes Leben lang und ein langes womöglich, und dann, ganz zum Schluß, vielleicht könnte man dann zehn Zeilen schreiben, die gut sind. Denn Verse sind nicht, wie die Leute meinen, Gefühle (die hat man früh genug), – es sind Erfahrungen. Um eines Verses willen muß man viele Städte sehen, Menschen und Dinge, man muß die Tiere kennen, man muß fühlen, wie die Vögel fliegen, und die Gebärde wissen, mit welcher die kleinen Blumen sich auftun am Morgen. Man muß zurückdenken können an Wege in unbekannten Gegenden, an unerwartete Begegnungen und an Abschiede, die man lange kommen sah, – an Kindheitstage, die noch unaufgeklärt sind, an die Eltern, die man kränken mußte, wenn sie einem eine Freude brachten und man begriff sie nicht (es war eine Freude für einen anderen –), an Kinderkrankheiten, die so seltsam anheben mit so vielen tiefen und schweren Verwandlungen, an Tage in stillen, verhaltenen Stuben und an Morgen am Meer, an das Meer überhaupt, an Meere, an Reisenächte, die hoch dahinrauschten und mit allen Sternen flogen, – und es ist noch nicht genug, wenn man an alles das denken darf. Man muß Erinnerungen haben an viele Liebesnächte, von denen keine der andern glich, an Schreie von Kreißenden und an leichte, weiße, schlafende Wöchnerinnen, die sich schließen. Aber auch bei Sterbenden muß man gewesen sein, muß bei Toten gesessen haben in der Stube mit dem offenen Fenster und den stoßweisen Geräuschen. Und es genügt auch noch nicht, daß man Erinnerungen hat. Man muß sie vergessen können, wenn es viele sind, und man muß die große Geduld haben, zu warten, daß sie wiederkommen. Denn die Erinnerungen selbst *sind* es noch nicht. Erst wenn sie Blut werden in uns, Blick und Gebärde, namenlos und nicht mehr zu unterscheiden von uns selbst, erst dann kann es geschehen, daß in einer sehr seltenen Stunde das erste Wort eines Verses aufsteht in ihrer Mitte und aus ihnen ausgeht.

Aus »Malte«

Kunst heißt, nicht wissen, daß die Welt schon *ist*, und eine machen. Nicht zerstören, was man vorfindet, sondern einfach nichts Fertiges finden. Lauter Möglichkeiten. Lauter Wünsche. Und plötzlich Erfüllung sein, Sommer sein, Sonne haben. Ohne daß man darüber spricht, unwillkürlich. Niemals vollenden. Niemals den siebenten Tag haben. Niemals sehen, daß alles gut ist.

Aus »Im Gespräch«

In Oberneuland ließ ich mir neulich berichten von einer grünen Libelle, die sich aus ihrer Larve auszog. Meine Frau und die Kleine hatten das Blatt mit im Boot, sie konnten alles sehen, jede Bewegung, das neue Wesen war ohne Scham in seinem guten Gewissen: Augen gab es nicht für es, wie es so vorsichtig ausbrach ins Licht hinein, in den ersten Sommertag: nur Welt.

Es soll ohne Gleichen gewesen sein, dies mitzumachen, eine Einweihung ins pure Wunder. [...]

Nun gestern mußt ich denken, ich wär die Libelle und man setzte mich wieder aufs Abgestreifte. Ach Prag: das Gefühl ist zu lang geworden, der Kopf geht nichtmehr hinein, von den Flügeln gar nicht zu reden.

An Marie Taxis, 21. August 1910

Noch ahnst du nichts vom Herbst des Haines,
drin lichte Mädchen lachend gehn;
nur manchmal küßt wie fernes, feines
Erinnern dich der Duft des Weines, –
sie lauschen, und es singt wohl eines
ein wehes Lied vom Wiedersehn.

In leiser Luft die Ranken schwanken,
wie wenn wer Abschied winkt. – Am Pfad
stehn alle Rosen in Gedanken;
sie sehen ihren Sommer kranken,
und seine hellen Hände sanken
leise von seiner reifen Tat.

Siehe die Blumen, diese dem Irdischen treuen,
denen wir Schicksal vom Rande des Schicksals leihn, –
aber wer weiß es! Wenn sie ihr Welken bereuen,
ist es an uns, ihre Reue zu sein.

Alles will schweben. Da gehn wir umher wie Beschwerer,
legen auf alles uns selbst, vom Gewichte entzückt;
o was sind wir den Dingen für zehrende Lehrer,
weil ihnen ewige Kindheit glückt.

Nähme sie einer ins innige Schlafen und schliefe
tief mit den Dingen –: o wie käme er leicht,
anders zum anderen Tag, aus der gemeinsamen Tiefe.

Oder er bliebe vielleicht; und sie blühten und priesen
ihn, den Bekehrten, der nun den Ihrigen gleicht,
allen den stillen Geschwistern im Winde der Wiesen.

Aus »Die Sonette an Orpheus«

Wo, in welchen immer selig bewässerten Gärten,
an welchen
Bäumen, aus welchen zärtlich entblätterten Blüten-
Kelchen
reifen die fremdartigen Früchte der Tröstung? Diese
köstlichen, deren du eine vielleicht in der zertretenen
Wiese

deiner Armut findest. Von einem zum anderen Male
wunderst du dich über die Größe der Frucht,
über ihr Heilsein, über die Sanftheit der Schale,
und daß sie der Leichtsinn des Vogels dir nicht
vorwegnahm und nicht die Eifersucht

unten des Wurms. Gibt es denn Bäume, von Engeln
beflogen,
und von verborgenen langsamen Gärtnern so seltsam
gezogen,
daß sie uns tragen, ohne uns zu gehören?

Haben wir niemals vermocht, wir Schatten und Schemen,
durch unser voreilig reifes und wieder welkes Benehmen
jener gelassenen Sommer Gleichmut zu stören?

Aus »Die Sonette an Orpheus«

DER APFELGARTEN

Borgeby-Gård

Komm gleich nach dem Sonnenuntergange,
sieh das Abendgrün des Rasengrunds;
ist es nicht, als hätten wir es lange
angesammelt und erspart in uns,

um es jetzt aus Fühlen und Erinnern,
neuer Hoffnung, halbvergeßnem Freun,
noch vermischt mit Dunkel aus dem Innern,
in Gedanken vor uns hinzustreun

unter Bäume wie von Dürer, die
das Gewicht von hundert Arbeitstagen
in den überfüllten Früchten tragen,
dienend, voll Geduld, versuchend, wie

das, was alle Maße übersteigt,
noch zu heben ist und hinzugeben,
wenn man willig, durch ein langes Leben
nur das Eine will und wächst und schweigt.

Jetzt reifen schon die roten Berberitzen,
alternde Astern atmen schwach im Beet.
Wer jetzt nicht reich ist, da der Sommer geht,
wird immer warten und sich nie besitzen.

Wer jetzt nicht seine Augen schließen kann,
gewiß, daß eine Fülle von Gesichten
in ihm nur wartet bis die Nacht begann,
um sich in seinem Dunkel aufzurichten: –
der ist vergangen wie ein alter Mann.

Dem kommt nichts mehr, dem stößt kein Tag mehr zu,
und alles lügt ihn an, was ihm geschieht;
auch du, mein Gott. Und wie ein Stein bist du,
welcher ihn täglich in die Tiefe zieht.

Alles Irren besteht also nur im Nichterkennen der Gesetzmäßigkeit, unter welcher wir im gegebenen Fall stehen, und alle Lösung beginnt mit unserer Aufmerksamkeit und Sammlung, die uns leise in die Kette der Ereignisse einreiht und unserm Willen seine wiegenden Gleichgewichte wiedergibt.

An Emanuel von Bodman, 17. August 1904

HERBST

Ich fürchtete mich, wenn im Herbst nach den ersten Nachtfrösten die Fliegen in die Stuben kamen und sich noch einmal in der Wärme erholten. Sie waren merkwürdig vertrocknet und erschraken bei ihrem eigenen Summen; man konnte sehen, daß sie nicht mehr recht wußten, was sie taten. Sie saßen stundenlang da und ließen sich gehen, bis es ihnen einfiel, daß sie noch lebten; dann warfen sie sich blindlings irgendwohin und begriffen nicht, was sie dort sollten, und man hörte sie weiterhin niederfallen und drüben und anderswo. Und endlich krochen sie überall und bestarben langsam das ganze Zimmer.

Aber sogar wenn ich allein war, konnte ich mich fürchten. Warum soll ich tun, als wären jene Nächte nicht gewesen, da ich aufsaß vor Todesangst und mich daran klammerte, daß das Sitzen wenigstens noch etwas Lebendiges sei: daß Tote nicht saßen. Das war immer in einem von diesen zufälligen Zimmern, die mich sofort im Stich ließen, wenn es mir schlecht ging, als fürchteten sie, verhört und in meine argen Sachen verwickelt zu werden. Da saß ich, und wahrscheinlich sah ich so schrecklich aus, daß nichts den Mut hatte, sich zu mir zu bekennen. Nicht einmal das Licht, dem ich doch eben den Dienst erwiesen hatte, es anzuzünden, wollte von mir wissen. Es brannte so vor sich hin, wie in einem leeren Zimmer. Meine letzte Hoffnung war dann immer das Fenster. Ich bildete mir ein, dort draußen könnte noch etwas sein, was zu mir gehörte, auch jetzt, auch in dieser plötzlichen Armut des Sterbens. Aber kaum hatte ich hingesehen, so wünschte ich, das Fenster wäre verrammelt gewesen, zu, wie die

Wand. Denn nun wußte ich, daß es dort hinaus immer gleich teilnahmslos weiterging, daß auch draußen nichts als meine Einsamkeit war. Die Einsamkeit, die ich über mich gebracht hatte und zu deren Größe mein Herz in keinem Verhältnis mehr stand. Menschen fielen mir ein, von denen ich einmal fortgegangen war, und ich begriff nicht, wie man Menschen verlassen konnte.

Aus »Malte«

IN HERBSTLICHEN ALLEEN

DER JUNGE MANN:

Fühlst Du, meine klare, sanftbeklagte
schwarze Schwester, daß die Gärten gilben?
Und wir sagen uns dieselben Silben,
die, um welche uns der Frühling fragte.
Leiser aber. Wie zwei Totgesagte,
welche einsam aus dem Tag der Andern
durch den Abend alter Parke wandern,
schlank und unwahrscheinlich von Gestalt.
Pause
Und man möchte immer weiter gehn,
unter welken Welten, als ein leiser
Liebling dieser alternden Alleen.
Laß uns lange in die Sonne sehn.
Sie will sinken. – Einmal war ich Kaiser …
Aber alles Schicksal ist geschehn,
welches groß und farbig sich entfaltet;
alles ist zur Stille um-gestaltet.
Warum rufst Du mich und weißt nicht, *wen*?

Ich bin Einer, welcher nicht mehr *heißt*,
bin nicht der, von dem Du vieles weißt,
bin ein Fremder und ein Feind vielleicht …

DAS MÄDCHEN:

hülflos

Meine Stimme hat Dich *nie* erreicht!
So oft wir uns fanden
zu einsamer Feier,
weißt Du: wir banden
wie leuchtende Schleier
unsere langen Blicke zusammen,
und wir glitten an ihnen tief
hin, wo bei den wachsamen Flammen
unsere Sehnsucht saß und – schlief.

DER JUNGE MANN:

Glaubst Du, Schwester,
Sehnsucht in Dir
kann einmal *schlafen*?

DAS MÄDCHEN:

Fester als wir …

Pause

DER JUNGE MANN:

Meine Sehnsucht war immer wach.
Tausendfach fühlte sie jede Freude,
die der Tag in das Land gelacht,
und in der Nacht
baute sie lauter weiße Gebäude.

DAS MÄDCHEN:

Wo?

DER JUNGE MANN:

Wir werden sie nicht mehr sehn …

DAS MÄDCHEN:

Was macht uns blind?

DER JUNGE MANN:

fortfahrend

Viele verlassene Städte stehn,
viele vergessene Gärten vergehn
mitten im Wind ...

DAS MÄDCHEN:

Wie Du das sagst. Man muß traurig sein.
Und Du, bist Du selber traurig?

DER JUNGE MANN:

Nein.
Nur leis.
Man muß nicht immer so oder so sein.
Vielleicht ist Traurigsein reiferes Frohsein, –
wer weiß?
Vielleicht, daß wir allem unrecht tun,
was uns umgibt.
Wie dürften wir ruhn,
eh uns Alles liebt.

DAS MÄDCHEN:

Aber denk nur: wir waren doch froh ...

DER JUNGE MANN:

Wir waren so
wie die Kinder sind, die spielen,
bis man sie schlafen schickt.
Wir haben uns manchmal angeblickt
wie Kinder, die zu ungewohnter Stunde wachen:
Eingetrocknetes Lachen
auf müdem Munde.
Augen, die nichtmehr schauen,

Augen aus Glas,
offengehalten von irgendwas.
Fühlst Du kein Grauen?
Pause
Verzeih mir. Es wird ja nichtmehr so sein.
Du bist wieder Dein. Ich bin wieder mein.
Und jedes ist anders als zuvor.

DAS MÄDCHEN:
Ich glaube: wer Liebe verlor,
hat Liebe niemals erworben. –
Wo gehst Du jetzt hin?

DER JUNGE MANN:
Von Sinn zu Sinn.
Meine Sterne sind ja nicht gestorben,
Schwester.
Ich glaube fester an sie als je.
Nur weiß ich: Wunder und Weh
kommen von anderswo.
Es ist alles nicht so,
wie man meint:
Man weint sich nicht in ein Leid hinein
und lacht sich nicht in ein Seligsein
und wärmt sich an keiner Verwandtschaft.
Und was Du schaust
und erbaust,
liebst und verstehst:
ist alles Landschaft,
durch die Du gehst.

Ich rätselte im Stillen wie alle Welt über die gemeinsame Zukunft, unser aller, ob ich gleich da auf weniger Voraussetzungen angewiesen bin, als irgend ein Eckensteher, denn die Geschichte ist mir dunkel, auch vermut ich, es ist gar nicht die Geschichte, was man wissen und woraus man schließen könnte, sondern eine wunderliche Auswahl aus Zufälligem und Gesetzmäßigem, in der der Mensch sich erkennt, weil das fortwährende Durcheinander von beidem ihm das vertrauteste Gefühl ist. Aber nun wird es so plötzlich, überholend Herbst, wenigstens hier, ich sehe von fremden Fenstern aus die Baumufer an der Isar gilben und die Gelb, unter dem kalten Regen, nehmen nicht der Reihe nach zu, sondern es sind schon gleich vorletzte Töne da, dann kommt der Blätterfall. Diese Regennächte und dieser Winter vor der Tür –, da schießt mir die ausgebreitete Not zur eigensten zusammen, zur Ratlosigkeit vor meinem eigenen Morgen und Übermorgen, – wohin wohin?

An Marie Taxis, 6. September 1915

HERBST

Oh hoher Baum des Schauns, der sich entlaubt:
nun heißts gewachsen sein dem Übermaße
von Himmel, das durch seine Äste bricht.
Erfüllt vom Sommer, schien er tief und dicht,
uns beinah denkend, ein vertrautes Haupt.
Nun wird sein ganzes Innere zur Straße
des Himmels. Und der Himmel kennt uns nicht.

Ein Äußerstes: daß wir wie Vogelflug
uns werfen durch das neue Aufgetane,
das uns verleugnet mit dem Recht des Raums,
der nur mit Welten umgeht. Unsres Saums
Wellen-Gefühle suchen nach Bezug
und trösten sich im Offenen als Fahne –
. . . .
Aber ein Heimweh meint das Haupt des Baums.

Rast! Gast sein einmal. Nicht immer selbst seine Wünsche bewirten mit kärglicher Kost. Nicht immer feindlich nach allem fassen; einmal sich alles geschehen lassen und wissen: was geschieht, ist gut. Auch der Mut muß einmal sich strecken und sich am Saume seidener Decken in sich selber überschlagen. Und wieder erst lernen, was Frauen sind. [. . .] Und wie die weißen tun und wie die blauen sind; was für Hände sie haben, wie sie ihr Lachen singen, wenn blonde Knaben die schönen Schalen bringen, *von* saftigen Früchten schwer.

Aus »Cornet«

HERBST

Die Blätter fallen, fallen wie von weit,
als welkten in den Himmeln ferne Gärten;
sie fallen mit verneinender Gebärde.

Und in den Nächten fällt die schwere Erde
aus allen Sternen in die Einsamkeit.

Wir alle fallen. Diese Hand da fällt.
Und sieh dir andre an: es ist in allen.
Und doch ist Einer, welcher dieses Fallen
unendlich sanft in seinen Händen hält.

Reiten, reiten, reiten durch den Tag, durch die Nacht, durch den Tag. Reiten, reiten, reiten. Und der Mut ist so müde geworden und die Sehnsucht so groß. Es gibt keine Berge mehr, kaum einen Baum. Nichts wagt aufzustehen. Fremde Hütten hocken durstig an versumpften Brunnen. Nirgends ein Turm. Und immer das gleiche Bild. Man hat zwei Augen zuviel. Nur in der Nacht manchmal glaubt man, den Weg zu kennen. Vielleicht kehren wir nächtens immer wieder das Stück zurück, das wir in der fremden Sonne mühsam gewonnen haben? Es kann sein. Die Sonne ist schwer, wie bei uns tief im Sommer. Aber wir haben im Sommer Abschied genommen, freilich. Die Kleider der Frauen leuchteten lang aus dem Grün. Und nun reiten wir lang. Es muß also Herbst sein. Wenigstens dort, wo traurige Frauen von uns wissen.

Aus »Cornet«

Mein Schweigen ist nicht Trägheit und nicht Herzensvergeßlichkeit, – es ist eine Verzauberung, in der ich immer erstarrter drin stehe, Salzsäule oder Stein, ich weiß nicht, was ich noch werden soll. Die Briefe häufen sich auf meinem Schreibtisch, aber mir scheinen unbeschreibliche Kräfte nötig, um eine Feder in Bewegung zu setzen, ein ganzes Räderwerk. Meine Mühle steht, ach, wie lange steht meine Mühle, der schöne Strom, der über sie stürzte, ist zu Eis geworden, daran konnte ein Sommer nichts ändern, der draußen vorüberging, ohne mich irgendwie zu berühren. Nun allerdings, da eine frühe Herbstlichkeit ihn abzulösen beginnt, traur ich ihm nach, obwohl er mir nichts gebracht hat, und merke, wieviel Hoffnung ich darauf gesetzt habe, daß die Jahreszeit mich irgendwie mitnehmen, mitreißen und erfüllen würde, ein Gleichnis der Natur hervorbringend in meinen ariden Fähigkeiten. [...] Was mögen Ihnen die Sommermonate sonst gebracht haben? Wer war sonst bei Ihnen? Pascha, Erich, die Kinder? Ich hätte hundert Fragen; von Zeit zu Zeit habe ich mir einen winzigen Heliotropstock gekauft, der sollte die Heliotrop-Bäume bedeuten, die bei Ihnen in Blüte stehen, die schönen lila Sphären, um die eine Konstellation von Schmetterlingen, glücklich spielend, auf und untergeht. Phlox hab ich in großen Sträußen in mein Zimmer gestellt, eine Menge Rosen waren da, aber es hat nichts geholfen: mir fehlt der Anschluß und die Andacht an diese glücklichen Dinge, als ob uns nun von ihnen die ganze Verhängnis menschlicher Wirrnis unterschiede.

An Marie Taxis, 6. September 1918

Ihre Sinne gingen ein, einer nach dem andern, zuerst das Gesicht. Es war im Herbst, man sollte schon in die Stadt ziehen, aber da erkrankte sie gerade, oder vielmehr, sie fing gleich an zu sterben, langsam und trostlos abzusterben an der ganzen Oberfläche. Die Ärzte kamen, und an einem bestimmten Tag waren sie alle zusammen da und beherrschten das ganze Haus. Es war ein paar Stunden lang, als gehörte es nun dem Geheimrat und seinen Assistenten und als hätten wir nichts mehr zu sagen. Aber gleich danach verloren sie alles Interesse, kamen nur noch einzeln, wie aus purer Höflichkeit, um eine Zigarre anzunehmen und ein Glas Portwein. Und Maman starb indessen.

Aus »Malte«

O ich möchte meine Stimme heben
aus der Welt, in der sie wirr verweht,
an Verlornes bindet sich mein Leben
und ich weiß, daß meine Zeit vergeht.

Aufgerichtet aus dem Ungewissen
fühl ich meinen letzten Richter nahn;
wehe, meine Hand wird ausgerissen,
denn sie lebte und hat nichts getan.

Und ich bin schon jetzt wie ausgestreute
welke Blätter, die sich raschelnd rühren;
über meine Seele gehn die Leute
und mich treibt der Wind an ihre Türen.

Gott, ich hab es dir ja doch gesagt
daß ich nicht für deine Tage tauge
weiß du noch es hat mein Kinderauge
schon ganz frühe zu dir aufgeklagt.

Warum ließest du mich dennoch leben,
warum geh ich immer noch, wohin?
Hast du mir noch eine Pflicht zu geben, –
so befiehl mir eh ich müde bin.

Wenn du willst, so werd ich noch einmal
in die Rüstung steigen, deren Stahl
fast noch neu ist, ohne Riß und Sprung ...

Das erste, was ich hier vernahm war der Tod Gerhart Ouckama Knoop's, den wiederzusehen, immer eine gute Seite meiner münchner Tage war; die Toten dieses Jahres sind so viele, aber ich glaube fast, ich kann Verlust nicht mehr fühlen, selbst in diesem Entgehen liegt ja nur ein eigener Zuwachs an Bezug, an Erfahrung, an Freundschaft, und das argloseste Gefühl käme darauf, sich zu freuen, daß es nun so große Kreise ins Unbekannte hinein beschreiben darf. *An Marie Taxis, 15. September 1913*

Wir gehen um mit Blume, Weinblatt, Frucht.
Sie sprechen nicht die Sprache nur des Jahres.
Aus Dunkel steigt ein buntes Offenbares
und hat vielleicht den Glanz der Eifersucht

der Toten an sich, die die Erde stärken.
Was wissen wir von ihrem Teil an dem?
Es ist seit lange ihre Art, den Lehm
mit ihrem freien Marke zu durchmärken.

Nun fragt sich nur: tun sie es gern? ...
Drängt diese Frucht, ein Werk von schweren Sklaven,
geballt zu uns empor, zu ihren Herrn?

Sind *sie* die Herrn, die bei den Wurzeln schlafen,
und gönnen uns aus ihren Überflüssen
dies Zwischending aus stummer Kraft und Küssen?

Einmal möcht ich dich wiederschauen,
Park, mit den alten Lindenalleen,
und mit der leisesten aller Frauen
zu dem heiligen Weiher gehn.

Schimmernde Schwäne in prahlenden Posen
gleiten leise auf glänzendem Glatt,
aus der Tiefe tauchen die Rosen
wie Sagen einer versunkenen Stadt.

Und wir sind ganz allein im Garten,
drin die Blumen wie Kinder stehn,
und wir lächeln und lauschen und warten,
und wir fragen uns nicht, auf wen …

Im September kommen viele aus den Waldsommern und von der See in die Stadt zurück. Sie sind des Gehens in den Gassen nicht mehr gewohnt und halten plötzlich, ehe sie sich dessen versehen, ihren Hut in der Hand wie im Walde, oder sie singen ganz laut vor sich hin. Das macht: die Erinnerungen schlafen noch nicht in ihnen. Und wenn sie einander begegnen, sind sie redselig und mitteilsam. Sie fühlen, wie aus dem Erzählen etwas, wie der Glanz der letzten lauschenden Tage, aufsteigt und sich tröstend über die schwülen Straßen und Plätze breitet. Und vielleicht sagen sich die beiden beim Abschiednehmen: »Sie sehen sehr gut aus« – und »wie Sie sich verändert haben.« Und sie lächeln sich einen Augenblick verlegen und dankbar an.

Aus »Die Geschwister«

HERBSTTAG

Herr: es ist Zeit. Der Sommer war sehr groß.
Leg deinen Schatten auf die Sonnenuhren,
und auf den Fluren laß die Winde los.

Befiehl den letzten Früchten voll zu sein;
gib ihnen noch zwei südlichere Tage,
dränge sie zur Vollendung hin und jage
die letzte Süße in den schweren Wein.

Wer jetzt kein Haus hat, baut sich keines mehr.
Wer jetzt allein ist, wird es lange bleiben,
wird wachen, lesen, lange Briefe schreiben
und wird in den Alleen hin und her
unruhig wandern, wenn die Blätter treiben.

Heute war ein schöner, herbstlicher Morgen. Ich ging durch die Tuilerien. Alles, was gegen Osten lag, vor der Sonne, blendete. Das Angeschienene war vom Nebel verhangen wie von einem lichtgrauen Vorhang. Grau im Grauen sonnten sich die Statuen in den noch nicht enthüllten Gärten. Einzelne Blumen in den langen Beeten standen auf und sagten: Rot, mit einer erschrockenen Stimme. Dann kam ein sehr großer, schlanker Mann um die Ecke, von den Champs-Elysées her; er trug eine Krücke, aber nicht mehr unter die Schulter geschoben, – er hielt sie vor sich her, leicht, und von Zeit zu Zeit stellte er sie fest und laut auf wie einen Heroldstab. Er konnte ein Lächeln der Freude nicht unterdrücken und lächelte, an allem vorbei, der Sonne, den Bäumen zu. Sein Schritt war schüchtern wie der eines Kindes, aber ungewöhnlich leicht, voll von Erinnerung an früheres Gehen.

Aus »Malte«

Ich habe nie begriffen, wie eine wirkliche, elementare, durch und durch wahre Liebe unerwidert sein kann; da sie doch nichts anderes ist, als der dringende selige Anspruch an einen Andern, schön, reich, groß, innig, unvergeßlich zu sein; die an ihn heranflutende Verpflichtung, etwas zu werden –. Und sagen Sie, wer dürfte das abweisen, wenn es auf ihn sich richtet, ihn erwählt aus den Millionen, ihn findet, der vielleicht in einem Schicksal verborgen oder mitten im Ruhm unnahbar war? Lassen Sie ihn zehnmal verliebt, zerstreut oder beschäftigt sein: was ist das dagegen? Er muß nichteinmal Raum schaffen um sich: denn fassen, nehmen, in sich halten kann ja keiner solche Liebe; sie ist so vollends zum Weitergeben bestimmt über jeden hinaus; sie braucht den Geliebten nur, damit er ihr den äußersten Schwung gäbe für ihren weiteren Kreislauf zwischen den Sternen. Aber diese Aufgabe, diesen ungeheueren, mehr als nur persönlichen Anspruch hat vielleicht keiner der von großen Liebenden Geliebten bestanden. Sie waren alle zu befangen in der eitlen Konvention ihrer Männlichkeit; sie hielten alle noch die Liebe für ein Ding zu zwein, für die kleine Beruhigung, die zwischen Finden und Trennung liegt. Erst wir lernen langsam weiter und werden vielleicht eines Tages die Sappho verstehen und die Worte der Diotima, die sie dem Sokrates bei Plato zu sagen hat. Aber ohne es zu ahnen, haben das die großen liebenden Frauen immer gewußt und gelebt und haben die Leidens- und Seligkeitsüberlieferung dieser einsamen Liebe weitergegeben, die die einzige ist, die ihren Namen verdient; auch sie geht (wie das, was bei allen, nachlässig genug, Liebe heißt) auf einen anderen zu; aber plötzlich, wie ein Vorwand, ist er fortgenommen, sobald das unendliche Gefühl seinen weitesten Kreis beschreibt und keiner Stütze mehr braucht. Wir haben also Unrecht und überschätzen die Bedeutung des Geliebten, wenn wir ihm ein verlegenes, unzulängliches Verhalten vorwerfen wollen; selbst hat er Unbeschreibliches dabei verloren, die Möglichkeit riesiger Entwicklungsreihen ablehnend: aber die Entwicklung und Vollendung jenes ihn meinenden und fortwährend übersteigenden Gefühls hat Goethe ebensowenig einschränken können, wie der Graf von Chamilly die wachsende Seele der Marianna einhalten konnte oder Collalto seiner Liebenden unaufhaltsame Herrlichkeit.

An Sidonie Nádherný von Borutin, 24. September 1908

Es ist doch wieder das gleiche Regnen, das ich Dir nun schon so oft beschrieben habe; als hätte der Himmel nur einen Augenblick hell aufgesehen, um gleich darauf wieder weiterzulesen in den gleichmäßigen Regenzeilen. Aber es vergißt sich nicht so leicht, daß unter der trüben Tünche dieses Licht und diese Tiefe ist, die man gestern sah: nun weiß man es wenigstens.

Gleich am Morgen hatte ich von Deinem Herbst gelesen, und all die Farben, die Du in den Brief hineingebracht hattest, verwandelten sich in meinem Gefühl zurück und erfüllten mein Bewußtsein bis an den Rand mit Stärke und Strahlung. Während ich hier gestern den aufgelösten lichten Herbst bewunderte, gingst Du durch jenen andern heimatlichen, der auf rotem Holz gemalt ist, so wie dieser hier auf Seide. Und das eine reicht an uns heran und das andere; so tief auf den Grund aller Verwandlung sind wir gestellt, wir Wandelbarsten, die mit einer Neigung, alles zu begreifen, herumgehen und die (indem wir es doch nicht fassen) das Übergroße zur Handlung unseres Herzens machen, damit es uns nicht zerstöre.

An Clara Rilke, 13. Oktober 1907

ENDE DES HERBSTES

Ich sehe seit einer Zeit,
wie alles sich verwandelt.
Etwas steht auf und handelt
und tötet und tut Leid.

Von Mal zu Mal sind all
die Gärten nicht dieselben;
von den gilbenden zu der gelben
langsamem Verfall:
wie war der Weg mir weit.

Jetzt bin ich bei den leeren
und schaue durch alle Alleen.
Fast bis zu den fernen Meeren
kann ich den ernsten schweren
verwehrenden Himmel sehn.

Wolle die Wandlung. O sei für die Flamme begeistert,
drin sich ein Ding dir entzieht, das mit Verwandlungen
prunkt;
jener entwerfende Geist, welcher das Irdische meistert,
liebt in dem Schwung der Figur nichts wie den wendenden
Punkt.

Was sich ins Bleiben verschließt, schon *ists* das Erstarrte;
wähnt es sich sicher im Schutz des unscheinbaren Grau's?
Warte, ein Härtestes warnt aus der Ferne das Harte.
Wehe –: abwesender Hammer holt aus!

Wer sich als Quelle ergießt, den erkennt die Erkennung;
und sie führt ihn entzückt durch das heiter Geschaffne,
das mit Anfang oft schließt und mit Ende beginnt.

Jeder glückliche Raum ist Kind oder Enkel von Trennung,
den sie staunend durchgehn. Und die verwandelte
Daphne
will, seit sie lorbeern fühlt, daß du dich wandelst in Wind.

Dieser Brief hätte sollen gestern geschrieben sein: denn was wäre natürlicher gewesen, als Ihnen zu schreiben in den Herbst-Nachmittag-Stunden, die ein Jahr über denen liegen, die so sicher in meiner Erinnerung stehn; unverlierbar wie Vergangenes und dabei wie Kommendes, so leicht. Dies werd ich, wie auch mein Leben geht, immer hervorrufen können aus mir: wie der Park sich um mich, den Fahrenden, schloß, und immer, sooft ich will, werd ich innerlich das Rot Ihres Mantels sehen, das mit der Bewegung des Entgegenkommens so seltsam endgültig verbunden war. Und diesen Raum und jenen; das Erkerzimmer, in dem wir, stehend, von der ›Dame à la Licorne‹ sprachen; die Ornamente oben im Treppengestühl, diese Geländeraufsätze, bei denen man sich unwillkürlich vorstellt, daß man sie als Kind entdeckt und sich einbildet, es hänge ein bestimmter Gebrauch damit zusammen; dann Ihr großes Zimmer oben, und der Saal, der tiefe landschaftliche Speisesaal mit den Kredenzen und Kredenzgruppen im Hintergrund. – Mein Gott, wie ist es doch schön um das Sehen und Erleben. Man wird anders davon und immer wieder anders. Man staunt und erkennt mitten im Staunen und lebt, eh mans noch weiß, die Leben von hundert Dingen, tritt in ihre Zusammenhänge, hat ihr Vertrauen und erwidert es: und alles das in einem Augenblick vielleicht. Denn es gibt nichts Nebensächlicheres als die Zeit. – Bin ich nicht wirklich gestern bei Ihnen gewesen? –

An Sidonie Nádherný von Borutin, 3. November 1908

WINTER

Wenn es wieder Winter wird und ich muß einen neuen Mantel haben, – gib mir, daß ich ihn *so* trage, solang er neu ist.

Aus »Malte«

Dich wundert nicht des Sturmes Wucht, –
du hast ihn wachsen sehn; –
die Bäume flüchten. Ihre Flucht
schafft schreitende Alleen.
Da weißt du, der vor dem sie fliehn
ist der, zu dem du gehst,
und deine Sinne singen ihn,
wenn du am Fenster stehst.

Des Sommers Wochen standen still,
es stieg der Bäume Blut;
jetzt fühlst du, daß es fallen will
in den der Alles tut.
Du glaubtest schon erkannt die Kraft,
als du die Frucht erfaßt,
jetzt wird sie wieder rätselhaft,
und du bist wieder Gast.

Der Sommer war so wie dein Haus,
drin weißt du alles stehn –
jetzt mußt du in dein Herz hinaus
wie in die Ebene gehn.
Die große Einsamkeit beginnt,

die Tage werden taub,
aus deinen Sinnen nimmt der Wind
die Welt wie welkes Laub.

Durch ihre leeren Zweige sieht
der Himmel, den du hast;
sei Erde jetzt und Abendlied
und Land, darauf er paßt.
Demütig sei jetzt wie ein Ding,
zu Wirklichkeit gereift, –
daß Der, von dem die Kunde ging,
dich fühlt, wenn er dich greift.

Ich verrinne, ich verrinne
wie Sand der durch Finger rinnt.
Ich habe auf einmal so viele Sinne,
die alle anders durstig sind.
Ich fühle mich an hundert Stellen
schwellen und schmerzen
aber am meisten mitten im Herzen.

Ich möchte sterben. Laß mich allein.
Es wird mir sicher gelingen,
so bange zu sein, –
daß mir die Pulse zerspringen.

Sieh, so ist Tod im Leben. Beides läuft
so durcheinander, wie in einem Teppich
die Fäden laufen; und daraus entsteht
für einen, der vorübergeht, ein Bild.
Wenn jemand stirbt, das nicht allein ist Tod.
Tod ist, wenn einer lebt und es nicht weiß.
Tod ist, wenn einer gar nicht sterben kann.
Vieles ist Tod; man kann es nicht begraben.
In uns ist täglich Sterben und Geburt,
und wir sind rücksichtslos wie die Natur,
die über beidem dauert, trauerlos
und ohne Anteil. Leid und Freude sind
nur Farben für den Fremden, der uns schaut.
Darum bedeutet es für uns so viel,
den Schauenden zu finden, ihn, der sieht,
der uns zusammenfaßt in seinem Schauen
und einfach sagt: ich sehe das und das,
wo andere nur raten oder lügen.

Aus »Die weiße Fürstin«

Du kannst nicht mehr gehn?
Kannst nicht mehr bei mir in der Stube stehn?
Tun dir die Füße weh?
So bleib wo jetzt alle beisammen sind,
man wird ihn dir morgen bringen, mein Kind,
durch die entlaubte Allee.
Man wird ihn dir bringen, warte getrost, –
man bringt dir morgen noch mehr.
Wenn es auch morgen tobt und tost,

das schadet den Blumen nicht sehr.
Man wird sie dir bringen. Du hast das Recht,
sie sicher zu haben, mein Kind,
und wenn sie auch morgen schwarz und schlecht
und lange vergangen sind.
Sei deshalb nicht bange. Du wirst nicht mehr
unterscheiden, was steigt oder sinkt;
die Farben sind zu und die Töne sind leer,
und du wirst auch gar nicht mehr wissen, wer
dir alle die Blumen bringt.

Rings liegt der Tag von Allerseelen
voll Wehmut und voll Blütenduft,
und hundert bunte Lichter schwelen
vom Feld des Friedens in die Luft.

Sie senden Palmen heut und Rosen;
der Gärtner ordnet sie mit Sinn –
und kehrt zum Eck der Glaubenslosen
die alten, welken Blumen hin.

Aber mir sind so wunderliche Dinge widerfahren, nun treibt es mich von denen aus ins Weite, und ich seh wohl ich muß mich treiben lassen. Sie lasens wahrscheinlich schon damals aus meinem janowitzer Brief, daß eine Art Krisis sich in mir zusammenzog, ja nun ist sie da, es wäre unehrlich auszuweichen; etwas wie die Musik, alles Gefürchtete, hat Macht über mich bekommen –, erinnern Sie sich unseres letzten Gesprächs in Lautschin: da kam in merkwürdiger Verkürzung Gefahr und Zukunft vor, ach ich bin so recht von Ihnen aus in die Welt gegangen, nun möcht ichs auch gut treiben und Ihnen innen rühmlich wiederkommen. Gott, Fürstin, bleiben Sie mir gut, ich werds sehr sehr brauchen. Mir ist das Herz schwer, aber das schadet nicht, es zieht mich herunter und das ists wohl, was mir schließlich geschehen mußte.

An Marie Taxis, 4. November 1910

Kommt mein Frühling erst noch?
Ist er schon lange gewesen?
Keine Stimme steht auf und gibt mir Bescheid.
Über Traurigsein, Träumen und Lesen
vergeht meine Zeit.

Ich lese vieles durcheinander diese Tage, ein Leben des Cervantes auf spanisch (als erstes Wagnis in dieser Richtung), meine Angela da Foligno, in der ich nur langsam vorwärtskomme, abends eine alte französische Ausgabe der Contes de Hoffmann, die ich hier vorgefunden habe, aber am Meisten beschäftigt mich Fabre d'Olivet, von dem ich zwei Sachen für einen Bekannten der Pia Valmarana verschrieb; zufällig haben diese Bücher, die erst direkt gehen sollten, den Weg über mich genommen, ich konnte es nicht lassen, hineinzusehen und das Hineinsehen geht ganze Seiten lang in Lesen über. Es handelt sich um eine merkwürdige Gestalt, die Aufgabe, die dieser Mensch sich aufgetragen wußte, konnte er, sozusagen, gar nicht antreten, seine Werke, (soweit ichs überschaue) umfassen lauter Vor-Arbeit, aber die Einführungen dazu, in denen *das* zu Wort kommt, wozu das alles hätte vielleicht leiten dürfen, wenn ein Menschenleben das Fünffache oder Zehnfache seiner Frist vorhielte –, diese Einführungen sind sehr überraschend und vielfach, wenn ich nicht irre, auf eine so dauernde Art im Recht, daß manches an die dort angegebenen Direktionen sich wird anzuordnen haben. Zum ersten Mal hab ich den Eindruck, daß da jemand war, der den rechten Begriff von den antiken Mysterien, dem Wesen ihrer Mitteilungen und Geheimnisse hatte, teils aus Intuition, teils weil eine unbeschreibliche Einpassung ihm nach und nach alle Sprachen, in denen die ältesten Aufschlüsse sich erhalten, eröffnete, – mit dem Arabischen beganns und dann springen, eins nach dem andern, die Siegel, so daß der Mensch sich zuhause fühlt wie ein Zeitgenosse derer, die vor dem gewissen Turmbau existierten, der mit der großen Konfusion endete. Fähig, sich auf diese Weise an den Quellen zu unterrichten, konnte Fabre daran denken, eine Geschichte der Erde im weitesten Sinne sich vorzunehmen, – aber natürlich mußte er nun zurück an die Vorbereitungen, von denen so gut wie keine für ihn getan worden war –, und über diesen Vorbereitungen, vielfach gestört, vielfach unterbrochen, auch wohl in sich selber abgelenkt, – verging nun sein Leben; ein Leben an dessen Bruchstellen die Patina vieler Gerüchte sich angesetzt hat, – es scheint, daß man ihn mit durchstoßenem Herzen vor dem Altar einer

Religion gefunden hat, deren Organisator er mehr und mehr geworden war; jedenfalls stimmen alle seine Biographen darin überein, daß die wunderbarsten Kräfte sich an seinem Wesen entzündeten: Bücher kamen durch die bloße Macht seines magnetischen Willens von den Reihen herüber an seinen Schreibtisch, und war der Autor verstorben, so zwang er ihn, über unentschiedene Stellen Rede zu stehen und hatte lange Zwiesprache mit dem Heraufbeschworenen.

Interessant ist sein Weg über den Menschen als historisch Existierenden, sich zu unterrichten: er sagt, es kann für die entferntesten Dinge keine bedeutendere Quelle geben, als die für heiliggehaltenen Schriften der verschiedenen Völker, und nun sucht er zu erfahren, wie es denkbar sei, *einer* Wahrheit gegenüber, daß diese fundamentalen Bücher mit einander in Widersprüchen stehen. So kommt er dazu, die alten Kosmogonien der Inder, der Chinesen, der Ägypter durchzugehen und zu vergleichen, auf diesen Wegen sich nähernd, findet er sich schließlich über der ›Genesis‹ und macht nun die Entdeckung, daß das wirkliche alte Hebräisch (das er dann ausführlich rekonstruiert, indem er eine Geschichte und eine Grammatik der hebräischen Sprache herausgibt) mit den bekannten Texten der ›Genesis‹ so gut wie nichts zu tun hat »et que Moïse ne disait presque pas un mot en hébreu de ce qu'on lui faisait dire en grec ou en latin«. So scheint z. B. aus den tatsächlichen Texten hervorzugehen, daß mit ›Adam‹ nicht *ein* Mensch, der erste Mensch, sondern, gewissermaßen, schon die erste Menschheit, le premier »Règne hominal«, eine ›Dynastie‹ menschlichen Daseins etwa, begriffen werde; – auch kommt das Wort »Tage«, der Schöpfung gegenüber, bei Mose nicht in Anwendung, der dort gebrauchte Ausdruck »exprime une manifestation phénoménale; en sorte qu'en le prenant dans le sens le plus restreint, on a pu lui faire signifier un *jour*: mais ce sens est évidemment forcé, et on ne peut se refuser d'y voir un période de temps indéterminé, toujours relatif à l'être auquel il est appliqué.«

Kurz es stehen da merkwürdige und nachdenklichste Dinge. Es ist nicht ausgeschlossen, daß Fabre d'Olivet, wenigstens ein Stück lang, auf einer alten via sacra vorwärtskam, in einer sehr direkten und bedeutenden Richtung. Was er von der Musik sagt, ihrer Rolle bei den alten Völkern, mag auch im Recht sein, – daß das Stumme in der Musik, wie soll ich sagen, ihre mathematische Rückseite, das durchaus lebensordnende Element z. B. noch im chinesischen Reiche war, wo der für das ganze Kaisertum angenommene Grundton (dem ›Fa‹ entsprechend) die Großheit eines obersten Gesetzes hatte, sosehr, daß das Rohr, das diesen Ton erzeugte, als Maßeinheit, seine Fassungsmenge als Raumeinheit usw. ausgegeben wurde und von Herrschaft zu Herrschaft in Geltung blieb. Musik war jedenfalls in allen alten Reichen etwas namenlos Verantwortliches und sehr Konservatives; hier ist die Stelle, wo manches zu erfahren wäre, was mit meinem Gefühl, Musik gegenüber, zu tun hat, ich meine, diesem äußerst unberechtigten rudimentären Gefühl eine Art nachträglichen Stammbaums lieferte: daß diese wahrhaftige, ja diese einzige Verführung, die die Musik ist, (nichts ver-führt doch sonst im Grunde) nur *so* erlaubt sein darf, daß sie zur Gesetzmäßigkeit verführe, *zum Gesetz selbst*. Denn in ihr allein tritt der unerhörte Fall ein, daß das Gesetz, das doch sonst immer befiehlt, flehentlich wird, offen, unendlich unser bedürftig. Hinter diesem Vor-wand von Tönen nähert sich das All, auf der einen Seite sind wir, auf der andern, durch nichts von uns abgetrennt, als durch ein bischen gerührte Luft, aufgeregt durch uns, zittert die Neigung der Sterne. Darum besticht es mich so, Fabre d'Olivet zu glauben, daß nicht allein das *Hörbare* in der Musik entscheidend sei, denn es kann etwas angenehm zu hören sein, ohne daß es *wahr* sei; mir, dem es überaus wichtig ist, daß in allen Künsten nicht der Anschein entscheidet, ihr »Wirken« (nicht das sogenannte »Schöne«,) sondern die tiefste innerste Ursache, das vergrabene Sein, das diesen Anschein, der durchaus nicht gleich als Schönheit muß einsehbar werden, hervorruft, – mir würde es verständlich sein, daß man in den Mysterien eingeweiht wurde in die *Rückseite der Musik*, in die selige Zahl, die sich dort teilt und wieder zusammennimmt und aus unendlichen Vielfachen in die Einheit zurückfällt, und daß, wenn man das einmal wußte und verschwieg, das Gefühl, so nahe am Untrübbaren hinzuleben, nicht wieder ganz zu vergessen war (wie immer sich im Übrigen das Schicksal verhielt). –

An Marie Taxis, 17. November 1912

Im Schoß der silberhellen Schneenacht
dort schlummert alles weit und breit,
und nur ein ewig wildes Weh wacht
in einer Seele Einsamkeit.

Du fragst, warum die Seele schwiege,
warum sie's in die Nacht hinaus
nicht gießt? – Sie weiß, wenns ihr entstiege,
es löschte alle Sterne aus.

Du wacher Wald, inmitten wehen Wintern
hast du ein Frühlingsfühlen dir erkühnt,
und leise lassest du dein Silber sintern,
damit ich seh, wie deine Sehnsucht grünt.

Und wie mich weiter deine Wege führen,
erkenn ich kein Wohin und kein Woher
und weiß: vor deinen Tiefen waren Türen –
und sind nicht mehr.

Jeder Engel ist schrecklich. Und dennoch, weh mir,
ansing ich euch, fast tödliche Vögel der Seele,
wissend um euch. Wohin sind die Tage Tobiae,
da der Strahlendsten einer stand an der einfachen
Haustür,
zur Reise ein wenig verkleidet und schon nicht mehr
furchtbar;
(Jüngling dem Jüngling, wie er neugierig hinaussah).
Träte der Erzengel jetzt, der gefährliche, hinter
den Sternen
eines Schrittes nur nieder und herwärts: hochauf-
schlagend erschlüg uns das eigene Herz. Wer seid ihr?

Frühe Geglückte, ihr Verwöhnten der Schöpfung,
Höhenzüge, morgenrötliche Grate
aller Erschaffung, – Pollen der blühenden Gottheit,
Gelenke des Lichtes, Gänge, Treppen, Throne,
Räume aus Wesen, Schilde aus Wonne, Tumulte
stürmisch entzückten Gefühls und plötzlich, einzeln,
Spiegel: die die entströmte eigene Schönheit
wiederschöpfen zurück in das eigene Antlitz.
Denn wir, wo wir fühlen, verflüchtigen; ach wir
atmen uns aus und dahin; von Holzglut zu Holzglut
geben wir schwächern Geruch. Da sagt uns wohl einer:
ja, du gehst mir ins Blut, dieses Zimmer, der Frühling
füllt sich mit dir … Was hilfts, er kann uns nicht halten,
wir schwinden in ihm und um ihn. Und jene,
die schön sind,
o wer hält sie zurück? Unaufhörlich steht Anschein

auf in ihrem Gesicht und geht fort. Wie Tau von
dem Frühgras
hebt sich das Unsre von uns, wie die Hitze von einem
heißen Gericht. O Lächeln, wohin? O Aufschaun:
neue, warme, entgehende Welle des Herzens –;
weh mir: wir *sinds* doch. Schmeckt denn der Weltraum,
in den wir uns lösen, nach uns? Fangen die Engel
wirklich nur Ihriges auf, ihnen Entströmtes,
oder ist manchmal, wie aus Versehen, ein wenig
unseres Wesens dabei? Sind wir in ihre
Züge soviel nur gemischt wie das Vage in die Gesichter
schwangerer Frauen? Sie merken es nicht in dem Wirbel
ihrer Rückkehr zu sich. (Wie sollten sie's merken.)

Liebende könnten, verstünden sie's, in der Nachtluft
wunderlich reden. Denn es scheint, daß uns alles
verheimlicht. Siehe, die Bäume *sind*; die Häuser,
die wir bewohnen, bestehn noch. Wir nur
ziehen allem vorbei wie ein luftiger Austausch.
Und alles ist einig, uns zu verschweigen, halb als
Schande vielleicht und halb als unsägliche Hoffnung.

Liebende, euch, ihr in einander Genügten,
frag ich nach uns. Ihr greift euch. Habt ihr Beweise?
Seht, mir geschiehts, daß meine Hände einander
inne werden oder daß mein gebrauchtes
Gesicht in ihnen sich schont. Das gibt mir ein wenig
Empfindung. Doch wer wagte darum schon zu *sein*?
Ihr aber, die ihr im Entzücken des anderen
zunehmt, bis er euch überwältigt
anfleht: nicht *mehr* –; die ihr unter den Händen

euch reichlicher werdet wie Traubenjahre;
die ihr manchmal vergeht, nur weil der andre
ganz überhand nimmt: euch frag ich nach uns. Ich weiß,
ihr berührt euch so selig, weil die Liebkosung verhält,
weil die Stelle nicht schwindet, die ihr, Zärtliche,
zudeckt; weil ihr darunter das reine
Dauern verspürt. So versprecht ihr euch Ewigkeit fast
von der Umarmung. Und doch, wenn ihr der ersten
Blicke Schrecken besteht und die Sehnsucht am Fenster,
und den ersten gemeinsamen Gang, *ein* Mal durch
den Garten:
Liebende, *seid* ihrs dann noch? Wenn ihr einer dem andern
euch an den Mund hebt und ansetzt –: Getränk an
Getränk:
o wie entgeht dann der Trinkende seltsam der Handlung.

Erstaunte euch nicht auf attischen Stelen die Vorsicht
menschlicher Geste? war nicht Liebe und Abschied
so leicht auf die Schultern gelegt, als wär es aus anderm
Stoffe gemacht als bei uns? Gedenkt euch der Hände,
wie sie drucklos beruhen, obwohl in den Torsen die Kraft
steht.
Diese Beherrschten wußten damit: so weit sind wirs,
dieses ist unser, uns *so* zu berühren; stärker
stemmen die Götter uns an. Doch dies ist Sache
der Götter.

Fänden auch wir ein reines, verhaltenes, schmales
Menschliches, einen unseren Streifen Fruchtlands
zwischen Strom und Gestein. Denn das eigene Herz
übersteigt uns

noch immer wie jene. Und wir können ihm nicht mehr nachschaun in Bilder, die es besänftigen, noch in göttliche Körper, in denen es größer sich mäßigt.

Der Abend kommt von weit gegangen
durch den verschneiten, leisen Tann.
Dann preßt er seine Winterwangen
an alle Fenster lauschend an.

Und stille wird ein jedes Haus:
die Alten in den Sesseln sinnen,
die Mütter sind wie Königinnen,
die Kinder wollen nicht beginnen
mit ihrem Spiel. Die Mägde spinnen
nicht mehr. Der Abend horcht nach innen.
und innen horchen sie hinaus.

Es treibt der Wind im Winterwalde
die Flockenherde wie ein Hirt,
und manche Tanne ahnt, wie balde
sie fromm und lichterheilig wird;
und lauscht hinaus. Den weißen Wegen
streckt sie die Zweige hin – bereit,
und wehrt dem Wind und wächst entgegen
der einen Nacht der Herrlichkeit.

VOR WEIHNACHTEN 1914

I

Da kommst du nun, du altes zahmes Fest,
und willst, an mein einstiges Herz gepreßt,
getröstet sein. Ich soll dir sagen: du
bist immer noch die Seligkeit von einst
und ich bin wieder dunkles Kind und tu
die stillen Augen auf, in die du scheinst.
Gewiß, gewiß. Doch damals, da ichs war,
und du mich schön erschrecktest, wenn die Türen
aufsprangen – und dein wunderbar
nicht länger zu verhaltendes Verführen
sich stürzte über mich wie die Gefahr
reißender Freuden: damals selbst, empfand
ich damals *dich*? Um jeden Gegenstand
nach dem ich griff, war Schein von deinem Scheine,
doch plötzlich ward aus ihm und meiner Hand
ein neues Ding, das bange, fast gemeine
Ding, das besitzen heißt. Und ich erschrak.
O wie doch alles, eh ich es berührte,
so rein und leicht in meinem Anschaun lag.
Und wenn es auch zum Eigentum verführte,
noch war es keins. Noch haftete ihm nicht
mein Handeln an; mein Mißverstehn; mein Wollen
es solle etwas sein, was es nicht *war*.
Noch war es klar
und klärte mein Gesicht.
Noch fiel es nicht, noch kam es nicht ins Rollen,
noch war es nicht das Ding, das widerspricht.

Da stand ich zögernd vor dem wundervollen
Un-Eigentum .....

2

(......... Oh, daß ich nun vor dir
so stünde, Welt, so stünde, ohne Ende
anschauender. Und heb ich je die Hände
so lege nichts hinein; denn ich verlier.

Doch laß durch mich wie durch die Luft den Flug
der Vögel gehen. Laß mich, wie aus Schatten
und Wind gemischt, dem schwebenden Bezug
kühl fühlbar sein. Die Dinge, die wir hatten,

(oh sieh sie an, wie sie uns nachschaun) nie
erholen sie sich ganz. Nie nimmt sie wieder
der reine Raum. Die Schwere unsrer Glieder,
was an uns Abschied ist, kommt über sie.)

3

Auch dieses Fest laß los, mein Herz. Wo sind
Beweise, daß es dir gehört? Wie Wind
aufsteht und etwas biegt und etwas drängt,
so fängt in dir ein Fühlen an und geht
wohin? drängt was? biegt was? Und drüber übersteht,
unfühlbar, Welt. Was willst du feiern, wenn
die Festlichkeit der Engel dir entweicht?
Was willst du fühlen? Ach, dein Fühlen reicht
vom Weinenden zum Nicht-mehr-Weinenden.
Doch drüber sind, unfühlbar, Himmel leicht
von zahllos Engeln. Dir unfühlbar. Du

kennst nur den Nicht-Schmerz. Die Sekunde Ruh
zwischen zwei Schmerzen. Kennst den kleinen Schlaf
im Lager der ermüdeten Geschicke.
Oh wie dich, Herz, vom ersten Augenblicke
das Übermaß des Daseins übertraf.
Du fühltest auf. Da türmte sich vor dir
zu Fühlendes: ein Ding, zwei Dinge, vier
bereite Dinge. Schönes Lächeln stand
in einem Antlitz. Wie erkannt
sah eine Blume zu dir auf. Da flog
ein Vogel durch dich hin wie durch die Luft.
Und war dein Blick zu voll, so kam ein Duft,
und war es Dufts genug, so bog ein Ton
sich dir ans Ohr ... Schon
wähltest du und winktest: dieses nicht.
Und dein Besitz ward sichtbar am Verzicht.
Bang wie ein Sohn ging manches von dir fort
und sah sich lange um, und sieht von dort,
wo du nicht fühlst, noch immer her. O daß
du immer wieder wehren mußt: genug,
statt: *mehr!* zu rufen, statt Bezug
in dich zu reißen, wie der Abgrund Bäche?
Schwächliches Herz. Was soll ein Herz aus Schwäche?
Heißt Herz-sein nicht Bewältigung?
Daß aus dem Tier-Kreis mir mit einem Sprung
der Steinbock auf mein Herzgebirge spränge.
Geht nicht durch mich der Sterne Schwung?
Umfaß ich nicht das weltische Gedränge?
Was bin ich hier? Was war ich jung?

Liebe Fürstin,
was kann ich mir diesen Abend Schöneres zu Liebe tun, als Ihnen schreiben; es entspricht meiner Verfassung so ganz und gar, alles andere wäre direkt unaufrichtig, so viel ist mir danach zu Mut, wenigstens eine halbe Stunde dieses Abends mich Ihnen mitzuteilen. Vor allem ist da der Wunsch, daß die Kinderstimmen heute einen Moment alles übertönen, was aus den letzten trüben, mühsäligen und besorgten Tagen in Ihnen nachklingt und keine Ruhe gibt. Hat nicht dieser blinde Kinderlärm Recht, – reicht er nicht weiter ins Leben hinein im Grunde als ce tapage tout aussi aveugle et pas du tout joyeux, den unsere Sorgen in uns aufführen? Wir denken doch in solchen Dingen nirgends zu Ende, sie haben gleichsam einen doppelten Boden und alles Auf-den-Grund-gehn reicht nur bis auf den falschen Grund; wann das Geheimfach aufspringt, das darunter ist, das hängt nicht von unserer Anstrengung ab, mit irgend einem Nichts von Bewegung, zufällig, aus Unvorsichtigkeit vielleicht, streifen wir einmal die Feder, gerade wenn wir am wenigsten bei der Sache sind.

Und (was mich die Angelegenheit in hellem Licht sehen läßt) beweist nicht gerade dieses gefaßte, feste, wirklich überlegene in der Haltung P.'s, diese noble Geistesgegenwart, daß die bösen Zeiten nichts in ihm entstellt und ermüdet haben –?; freilich man möchte denken, weiter müßte es auch nicht gehen, einmal müßte es überstanden sein –, denn es ist gegen die Natur, daß man etwas aushält übers Überstehen hinaus. Ich hätte vieles zu sagen auf dem Herzen, aber ich werde mit der Zeit immer mißtrauischer gegen mich, Monstrum, das im Grunde nie um irgend ein Wesen so tief und quälend und unablässig besorgt gewesen ist wie um sich selbst; darf so ein Scheusal überhaupt über das, was zwischen den Menschen spielt und sich spannt zu Worte kommen? Auch haben die Generationen *vor* uns im Einanderhinnehmen und -Ertragen so viel geleistet –, wie kommts daß wir in unseren Tagen so rasch und gründlich an einander zuschanden werden?

Genug, ich weiß nicht, gestern dachte ich viel darüber nach, heute überwiegt mir die Freude an Thérèsine's Schreibmappe alles Andere; gleich nach Ihrem Telegramm vormittag hab ich sie heraufgeholt, aber gewissermaßen anonym, gegenseitig; jeder Anfänger hätte das, was sich da abspielte, restlos ausdrücken können, etwa in dem Satze: ein Mann trägt einen Gegenstand. Erst jetzt, abends, vor einer Stunde wurde *ich* dieser Mann und im selben Augenblick entschloß sich das gewisse Ding dazu, Thérèsine's Nécessaire zu sein, auf beiden Seiten war dasselbe Tempo, dieselbe Entschlossenheit, wir kamen auf das Liebevollste zu einander –; und zu beschreiben, was da in Wirklichkeit vor sich ging, ist auch einem sehr Fortgeschrittenen nicht zuzumuten. Eine Menge ging vor sich; denn ein bißchen berührte es mich wie ein Vermächtnis, als ob die gute Thérèsine dies für mich geschont hätte –; denken Sie, das Ganze ist rührend geschont und doch nicht ungebraucht. Es war sehr merkwürdig, es in Besitz zu nehmen, es ging langsam, nach und nach, ein bißchen wehmütig zu einem über. Wie sie schonen können, diese Leidenschaftlichen, wie sie innen ihre Heftigkeit verbrauchen, comme leur cœur lourd aime à s'appuyer doucement –.

Dazu brannte ein kleiner Baum, eine Zwergtanne, die man mir aus Berlin geschickt hat, ganz fertig mit fünf

Lichtern und, als einzigem Schmuck, ihren eigenen, etwas eingebildeten Zapfen; ein Ästchen über der einen Kerze knisterte flammend auf, und auf einmal verbreitete sich Weihnachten durch das ganze Zimmer und war nicht mehr zu leugnen. Ich konnte nicht denken, daß es nur für mich sei und gab so viel als möglich weiter an das kleine Mädchen in Blau über meinem Schreibtisch, mit dem ich mich ausgezeichnet vertrage. Ein Weihnachten fiel mir ein, jetzt sind es schon Jahre her, da auch ich, da oben im Moor, einen solchen großen schwarzen Hund hatte; ich erinnere mich, daß auch er Juno hieß, allerdings, die Bauern, von denen er stammte, hatten ihn, einen »Er«, mit diesem Namen ausgerüstet, weil es, ihrem Gefühl und Ohr nach, der männlichste Name war, den sie allezusammen aufbrachten. Und ihm, dem Hund, war ganz wohl dabei.

An Marie Taxis, 24. Dezember 1911

Die Wurzel Gott hat Frucht getragen,
geht hin die Glocken zu zerschlagen.
Wir kommen zu den stillern Tagen,
in denen reif die Stunde steht;
die Wurzel Gott hat Frucht getragen:
seid ernst und seht.

Es gibt so wunderweiße Nächte,
drin alle Dinge Silber sind.
Da schimmert mancher Stern so lind,
als ob er fromme Hirten brächte
zu einem neuen Jesuskind.

Weit wie mit dichtem Demantstaube
bestreut, erscheinen Flur und Flut,
und in die Herzen, traumgemut,
steigt ein kapellenloser Glaube,
der leise seine Wunder tut.

Alle, welche dich suchen, versuchen dich.
Und die, so dich finden, binden dich
an Bild und Gebärde.

Ich aber will dich begreifen
wie dich die Erde begreift;
mit meinem Reifen
reift
dein Reich.
Ich will von dir keine Eitelkeit,
die dich beweist.

Aber die Winter! Oh diese heimliche
Einkehr der Erde. Da um die Toten
in dem reinen Rückfall der Säfte
Kühnheit sich sammelt,
künftiger Frühlinge Kühnheit.
Wo das Erdenken geschieht
unter der Starre; wo das von den großen
Sommern abgetragene Grün
wieder zum neuen
Einfall wird und zum Spiegel des Vorgefühls;
wo die Farbe der Blumen
jenes Verweilen unserer Augen vergißt.

»Ja«, sagte Ewald mit einem fremden Lächeln, »ich kann sogar dem Tod nicht entgegengehen. Viele Menschen finden ihn unterwegs. Er scheut sich, ihre Häuser zu betreten, und ruft sie hinaus in die Fremde, in den Krieg, auf einen steilen Turm, auf eine schwankende Brücke, in eine Wildnis oder in den Wahnsinn. Die meisten holen ihn wenigstens draußen irgendwo ab und tragen ihn dann auf ihren Schultern nach Hause, ohne es zu merken. Denn der Tod ist träge; wenn die Menschen ihn nicht fortwährend stören würden, wer weiß, er schliefe vielleicht ein.« Der Kranke dachte eine Weile nach und fuhr dann mit einem gewissen Stolz fort: »Aber zu mir wird er kommen müssen, wenn er mich will. Hier in meine kleine helle Stube, in der die Blumen sich so lange halten, über diesen alten Teppich, an diesem Schrank vorbei, zwischen Tisch und Bettende durch (es ist gar nicht leicht vorüber zu kommen) bis her an meinen breiten, lieben, alten Stuhl, der dann wahrscheinlich mit mir sterben wird, weil er, sozusagen, mit mir gelebt hat. Und er wird dies alles tun müssen in der üblichen Art, ohne Lärm, ohne etwas umzuwerfen, ohne etwas Ungewöhnliches zu beginnen, wie ein Besuch. Dieser Umstand bringt mir meine Stube merkwürdig nah. Es wird sich alles hier abspielen auf dieser engen Szene, und darum wird auch dieser letzte Vorgang sich nicht sehr von allen anderen Ereignissen unterscheiden, welche sich hier begeben haben und noch bevorstehen. Es hat mir immer schon, als Kind, seltsam geschienen, daß die Menschen vom Tode anders sprechen, als von allen anderen Begebenheiten, und das nur deshalb, weil jeder von dem, was ihm nachher geschieht, nichts mehr verrät. Wodurch aber unterscheidet sich denn ein Toter von einem Menschen, welcher ernst wird, auf die Zeit verzichtet und sich einschließt, um über etwas ruhig nachzudenken, dessen Lösung ihn lange schon quält? Unter den Leuten kann man sich doch nicht einmal des Vaterunsers erinnern, wie denn erst irgend eines anderen dunkleren Zusammenhanges, der vielleicht nicht in Worten, sondern in Ereignissen besteht. Man muß abseits gehen in irgend eine unzugängliche Stille, und vielleicht sind die Toten solche, die sich zurückgezogen haben, um über das Leben nachzudenken.«

Aus »Geschichten vom lieben Gott«

SPAZIERGANG

Schon ist mein Blick am Hügel, dem besonnten,
dem Wege, den ich kaum begann, voran.
So faßt uns das, was wir nicht fassen konnten,
voller Erscheinung, aus der Ferne an –

und wandelt uns, auch wenn wirs nicht erreichen,
in jenes, das wir, kaum es ahnend, sind;
ein Zeichen weht, erwidernd unserm Zeichen ...
Wir aber spüren nur den Gegenwind.

ERINNERUNG

Und du wartest, erwartest das Eine,
das dein Leben unendlich vermehrt;
das Mächtige, Ungemeine,
das Erwachen der Steine,
Tiefen, dir zugekehrt.

Es dämmern im Bücherständer
die Bände in Gold und Braun;
und du denkst an durchfahrene Länder,
an Bilder, an die Gewänder
wiederverlorener Fraun.

Und da weißt du auf einmal: das war es.
Du erhebst dich, und vor dir steht
eines vergangenen Jahres
Angst und Gestalt und Gebet.

Die Zeit, die ja gewiß auch nicht die richtige ist, um über eine genauere Einrichtung des eigenen Lebens zu verfügen. Das nun über zwei Tage bevorstehende neue Jahr seh ich gleichwohl mit Hoffnung an, als ob es nicht das dritte schlechte sein könne, sondern wieder ein erstes besseres werden wolle. Alle warten ja nur auf das Aufatmen.

[...] Wenn die Zeit sich zum Guten wendet, so wird sie uns allen, denk ich, einen außerordentlichen Schwung zum Guten mitgeben, und man wird doch nach so langer Weltkrankheit selbst etwas vom Genesenden haben und so viel Gelegenheit, an Heilungen des Lebens irgendwie mitzuwirken. Aber wenn die Zeit sich nur erst entschlösse!

An Marie Taxis, 30. Dezember 1916

»WAS WIRD DAS ENDE SEIN?«

Gibt es wirklich die Zeit, die zerstörende?
Wann, auf dem ruhenden Berg, zerbricht sie die Burg?
Dieses Herz, das unendlich den Göttern gehörende,
wann vergewaltigts der Demiurg?

Sind wir wirklich so ängstlich Zerbrechliche,
wie das Schicksal uns wahr machen will?
Ist die Kindheit, die tiefe, versprechliche,
in den Wurzeln – später – still?

Ach, das Gespenst des Vergänglichen,
durch den arglos Empfänglichen
geht es, als wär es ein Rauch.

Als die, die wir sind, als die Treibenden,
gelten wir doch bei bleibenden
Kräften als göttlicher Brauch.

Aus »Die Sonette an Orpheus«

Es winkt zu Fühlung fast aus allen Dingen,
aus jeder Wendung weht es her: Gedenk!
Ein Tag, an dem wir fremd vorübergingen,
entschließt im künftigen sich zum Geschenk.

Wer rechnet unseren Ertrag? Wer trennt
uns von den alten, den vergangnen Jahren?
Was haben wir seit Anbeginn erfahren,
als daß sich eins im anderen erkennt?

Als daß an uns Gleichgültiges erwarmt?
O Haus, o Wiesenhang, o Abendlicht,
auf einmal bringst du's beinah zum Gesicht
und stehst an uns, umarmend und umarmt.

Durch alle Wesen reicht der *eine* Raum:
Weltinnenraum. Die Vögel fliegen still
durch uns hindurch. O, der ich wachsen will,
ich seh hinaus, und *in* mir wächst der Baum.

Ich sorge mich, und in mir steht das Haus.
Ich hüte mich, und in mir ist die Hut.
Geliebter, der ich wurde: an mir ruht
der schönen Schöpfung Bild und weint sich aus.

Manchmal mein ich, daß mit allem, was ich bewunderte oder liebte nur ein starkes rasches Feuer bereitet worden ist in mir, darin der Gegenstand selbst sich bis zur letzten Spur verzehrte: so erklärt sichs vielleicht, daß ich vor meinem Gedächtnis sitze wie vor dem Hohlen eines kalten grauen Kamins ... Was wird das Ende sein? Ich weiß, ich kann mich nichtmehr ändern. Ich kann nur immer geduldiger werden, das wird mein Fortschritt sein, wir wollen sehen, wie weit er reicht. *An Marie Taxis, 9. März 1912*

Rainer Maria Rilke hat im Herbst 1919 die Frage, ob »in einer Zeit, die so dringend der Beratung bedarf, ein ... absichtslos auftretendes Kunstwerk zu dulden sei«, ausdrücklich bejaht, und er hat »eine eigene berechtigte Aufgabe« darin gesehen, »die Weite; Vielfältigkeit / ja Vollzähligkeit der Welt / in reinen Beweisen vorzuführen«. – »Preise dem Engel die Welt ..., zeig ihm das Einfache ... Sag ihm die Dinge«, heißt es in seiner *Neunten Duineser Elegie*, begonnen 1912 und vollendet, nach Jahren des lyrischen Verstummens, 1922.

Seine Gedichte wollen »das Tier / die Pflanze / jeden Vorgang, – *ein Ding* in seinem eigentlichen Gefühlsraum« darstellen. Sie zeigen mit der Gebärde des Staunens und des bewundernden Rühmens Schönheit und Reichtum der natürlichen Welt. Sie zeugen von der »augenfälligen Freundschaft und Heiterkeit der Erde«.

Aus dem genauen Beobachten von Natur und Landschaft, aus dem Erleben der Jahreszeiten, ihrer Verwandlungs- und Erneuerungskraft ist Rilke »ein unaufhörlicher und unerschöpflicher Beistand« zugewachsen. Er fragt nicht, welche Bedeutung Natur, Landschaft und Jahreszeiten für uns besitzen, er nimmt sie gegenständlich als eine große vorhandene und sich ständig wandelnde Wirklichkeit, die dem genau und unvoreingenommen Wahrnehmenden einen besonderen Erfahrungsraum erschließt. »Wie ist es doch schön um das Sehen und Erleben«, schreibt er am 3. November 1908 an Sidonie Nádherný von Borutin. »Man wird anders davon und immer wieder anders. Man staunt und erkennt mitten im Staunen und lebt, eh mans noch weiß, die Leben von hundert Dingen, tritt in ihre Zusammenhänge, hat ihr Vertrauen und erwidert es.«

Die schmale Auswahl aus poetischen und brieflichen Äußerungen zum Jahreslauf läßt ahnen, daß Rilke sich im Rühmen der Welt gegen das Leiden an dieser Welt gewehrt hat. Es ist nicht nur ruhige Gewißheit, es ist – und es bleibt auch späterhin – verzweifeltes Wollen, wenn er 1907 an Clara Rilke schreibt: »wir haben im Grunde nur *dazusein* ... wie die Erde da ist, den Jahreszeiten zustimmend.«

»Den Jahreszeiten zustimmend« heißt auch, ihrem natürlichen Lauf zu folgen. Dem trägt die Anordnung der Texte Rechnung. In kalendarischer Ordnung enthält die Auswahl Gedichte vom Werden des Frühlings, von der Fülle des Sommers, vom Vollenden und Gilben des Herbstes und von der einsamen Stille des Winters, Prosatexte, die dem Gleichnishaften von Jahreszeit und Lebenszeit nachgehen, und briefliche Äußerungen, die aus jahreszeitlichen Stimmungen heraus geschrieben sind.

Frühling meint dabei auch Jungsein, meint Kindheit, Sehnsucht, erwachende Liebe, die beglückende Erfahrung steigender Kräfte, meint jene Zeit, in der unser »Herz ... ungewöhnlich hoch gehalten« wird. Das vollendende Reifen des Herbstes setzt Fülle, ja Überfülle, und Erfüllung des Sommers voraus; die einsame Stille des Winters das Sich-Neigen, den Abschied, die nüchterne Bilanz des Herbstes, auch die Sorge um das Kommende, die »Ratlosigkeit vor meinem eigenen Morgen und Übermorgen«, wie es in einem Brief vom September 1910 an Marie Taxis heißt. Winter meint Erlöschen und Tod, aber auch die

Zeit, in der die Kräfte des Lebens sich zu neuem Erwachen sammeln.

Rilke hat früh schon nach »Beweisen« und »Gewißheiten« gegen die eigene Ratlosigkeit gesucht. »Aufhören möchte ich«, bekennt er am 12. Mai 1904 Lou Andreas-Salomé, »ein Ausgeschlossener zu sein, einer, der die tiefere Zeitung seiner Zeit, die weiter hinausweist und zurückreicht, nicht lesen kann, ein Gefangener, der alles ahnt, aber die kleine Gewißheit nicht hat, ob jetzt gerade Tag oder Abend ist, Frühling oder Winter.« Wenige Monate vor seinem Tod formuliert er gegenüber Wilhelm Hausenstein noch einmal prägnant seine Einsicht über den Zusammenhang von allgemeiner Orientierungslosigkeit und Gewalt in den menschlichen Beziehungen: »Gewalt kommt über die Menschen aus ihren Machwerken, und Sieg und Niederlage sind nur die beiden Hälften einer und derselben Ratlosigkeit.«

Wenn wir »das Hiesige« so in die Hand nähmen, wie Rilke es uns nahelegt: »herzlich liebevoll, erstaunend, als unser vorläufig einziges«, vielleicht wäre dies ein Weg, *der* Weg auch für uns Heutige?

V. H.

QUELLENHINWEIS

Die Texte folgen den Ausgaben:
Rainer Maria Rilke, Sämtliche Werke in zwölf Bänden. Herausgegeben vom Rilke-Archiv. In Verbindung mit Ruth Sieber-Rilke besorgt durch Ernst Zinn. Insel Verlag, Frankfurt am Main 1975;
Rainer Maria Rilke, Briefe in zwei Bänden. Herausgegeben von Horst Nalewski. Insel Verlag, Frankfurt am Main und Leipzig 1991;
Rainer Maria Rilke und Marie von Thurn und Taxis, Briefwechsel. Besorgt durch Ernst Zinn. Mit einem Geleitwort von Rudolf Kassner. Zwei Bände. Insel Verlag, Wiesbaden 1951;
Rainer Maria Rilke / Lou Andreas-Salomé, Briefwechsel. Herausgegeben von Ernst Pfeiffer. Insel Verlag, Frankfurt am Main 1975.

Selbständige Texte sind über die Überschrift oder den Gedichtanfang auffindbar, gekürzte Texte über den Titel, der in kleinerem Schriftgrad unter dem Textzitat steht. In einigen wenigen Fällen ist ein Kurztitel angegeben – »Cornet« steht für »Die Weise von Liebe und Tod des Cornets Christoph Rilke«, »Malte« für »Die Aufzeichnungen des Malte Laurids Brigge«.

INHALT

Frühling

Sommer

Herbst

Winter

»Was wird das Ende sein?«

ZU DIESER AUSGABE

insel taschenbuch 3109: Rainer Maria Rilke, Jahreszeiten. Ausgewählt von Vera Hauschild. Der vorliegende Text folgt der gebundenen Ausgabe: Rainer Maria Rilke, Jahreszeiten. Gedichte und Gedanken. Ausgewählt von Vera Hauschild. © Insel Verlag Frankfurt am Main und Leipzig 1994. Dritte Auflage 1998.
Umschlagabbildung: Claude Monet. Mohnblumen in der Umgebung von Argenteuil (Ausschnitt), 1873. Musée d'Orsay, Paris. Foto: Giraudon/Bridgeman Art Library, London.

Rainer Maria Rilke
im Insel Verlag
Eine Auswahl

Werke. Kommentierte Ausgabe in vier Bänden und einem Supplementband. Herausgegeben von Manfred Engel, Ulrich Fülleborn, Horst Nalewski, August Stahl. 4940 Seiten. Leinen; Supplementband herausgegeben von Manfred Engel und Dorothea Lauterbach

Gesammelte Werke in fünf Bänden. Herausgegeben und mit Nachworten versehen von Manfred Engel, Ulrich Fülleborn, Horst Nalewski und August Stahl. 1568 Seiten

Einzelausgaben

Ausgesetzt auf den Bergen des Herzens. Gedichte aus den Jahren 1906 bis 1926. it 98. 206 Seiten

Das Buch der Bilder. it 26. 117 Seiten

Duineser Elegien. Die Sonette an Orpheus. it 80. 89 Seiten

Erste Gedichte. Larenopfer. Traumgekrönt. Advent. it 1090. 167 Seiten

Frühe Gedichte. it 878. 117 Seiten

Die Gedichte in einem Band. Leinen und it 2246. 1132 Seiten

Gedichte. Aus den Jahren 1902 bis 1917. Taschenbuchausgabe der 1931 als Privatdruck erschienenen Edition der Handschrift R. M. Rilkes. Illustriert von Max Slevogt. it 701. 236 Seiten

NF 10/1/2.05

Das Stunden-Buch. Enthaltend die drei Bücher: Vom mönchischen Leben. Von der Pilgerschaft. Von der Armut und vom Tode. Pappband und it 2. 119 Seiten

Die Aufzeichnungen des Malte Laurids Brigge. Leinen, it 630 und it 2565. 230 Seiten

Die Erzählungen. it 1717. 434 Seiten

Geschichten vom lieben Gott. Illustrationen von E. R. Weiß. it 43. 109 Seiten

Die Letzten. Im Gespräch. Der Liebende. it 935. 76 Seiten

Zwei Prager Geschichten. Und ›Ein Prager Künstler‹. Mit Illustrationen von Emil Orlik. Herausgegeben von Josef Mühlberger. it 235. 149 Seiten

Auguste Rodin. Mit 96 Abbildungen. it 766. 143 Seiten

Briefe über Cézanne. Herausgegeben von Clara Rilke. Besorgt und mit einem Nachwort versehen von Heinrich Wiegand Petzet. Mit siebzehn farbigen Abbildungen. it 672. 140 Seiten

Worpswede. Fritz Mackensen. Otto Modersohn. Fritz Overbeck. Hans am Ende. Heinrich Vogeler. Mit zahlreichen Farbtafeln und Abbildungen im Text. it 1011. 236 Seiten

Über moderne Malerei. Herausgegeben von Martina Krießbach-Thomasberger. Mit zahlreichen farbigen Abbildungen. it 2546. 180 Seiten

Die Liebenden. Die Liebe der Magdalena. Portugiesische Briefe. Die Briefe der Marianna Alcoforado. Die vierundzwanzig Sonette der Louïze Labé. it 355. 94 Seiten. Als Großdruck it 2366. 126 Seiten

NF 10/2/2.05

Silberne Schlangen. Die frühen Erzählungen aus dem Nachlaß. Herausgegeben vom Rilke-Archiv in Zusammenarbeit mit Hella Sieber-Rilke, besorgt durch August Stahl.
182 Seiten. Leinen

Gedichte an die Nacht. Herausgegeben von Klaus E. Bohnenkamp. IB 1261. 128 Seiten

Briefe und Tagebücher

Rainer Maria Rilke / Lou Andreas-Salomé. Briefwechsel. Herausgegeben von Ernst Pfeiffer. it 1217. 647 Seiten

Rainer Maria Rilke. Briefwechsel mit Rolf von Ungern-Sternberg und weitere Dokumente zur Übertragung der »Stances« von Jean Moréas. Herausgegeben von Konrad Kratzsch und Vera Hauschild. 160 Seiten. Gebunden

Rainer Maria Rilke / Claire Goll. »Ich sehne mich sehr nach Deinen blauen Briefen«. Briefwechsel. Herausgegeben von Barbara Glauert-Hesse. it 2868. 215 Seiten

»Sieh dir die Liebenden an«. Briefe an Valerie von David-Rhonfeld. Herausgegeben von Renate Scharffenberg und August Stahl. 334 Seiten. Leinen

Briefwechsel mit einer jungen Frau. Herausgegeben von Horst Nalewski. 110 Seiten. Leinen

Briefwechsel mit Thankmar von Münchhausen 1913 bis 1925. Herausgegeben von Joachim W. Storck.
220 Seiten. Gebunden

NF 10/3/2.05

Rainer Maria Rilke / Mathilde Vollmoeller. Briefwechsel. Herausgegeben von Barbara Glauert-Hesse. it 3088. 170 Seiten

Sammlungen

»Hiersein ist herrlich«. Gedichte, Erzählungen, Briefe. Ausgewählt von Vera Hauschild. Mit einem Geleitwort von Siegfried Unseld. 240 Seiten. Leinen

In einem fremden Park. Gartengedichte. Zusammengestellt von Marianne Beuchert. Fotos von Marion Nickig. IB 1129. 77 Seiten

Lektüre für Minuten. Gedanken aus seinen Büchern und Briefen. Ausgewählt von Ursula und Volker Michels. 191 Seiten. Gebunden und it 1879. 173 Seiten

Liebesgedichte. Ausgewählt von Vera Hauschild. Mit einem Nachwort von Siegfried Unseld. it 2823. 101 Seiten

Liebesgeschichten. Ausgewählt von Vera Hauschild. it 2894. 120 Seiten

Rilke für Gestreßte. Ausgewählt von Vera Hauschild. it 2191. 100 Seiten

Rilkes Landschaft. In Bildern von Regina Richter. Zu Gedichten von Rainer Maria Rilke. Mit einem Nachwort von Siegfried Unseld. it 588. 86 Seiten

Vom Alleinsein. Geschichten. Gedanken. Gedichte. Herausgegeben von Franz-Heinrich Hackel. it 1216. 149 Seiten

NF 10/4/2.05

Weihnachten. Briefe. Gedichte und die Erzählung »Das Christkind«. Herausgegeben von Hella Sieber-Rilke. it 2865. 120 Seiten

Reise nach Ägypten. Briefe, Gedichte, Notizen. Herausgegeben von Horst Nalewski. Mit zahlreichen Abbildungen. it 2699. 176 Seiten

Mit Rilke durch die Provence. Herausgegeben von Irina Frowen. Mit farbigen Fotografien von Constantin Beyer. it 2148. 126 Seiten

Über die Liebe. Geschichten und Gedichte. Ausgewählt von Vera Hauschild. it 3061. 112 Seiten

Jahreszeiten. Gedichte und Gedanken. Ausgewählt von Vera Hauschild. it 3109. 160 Seiten

Biographien

Ralph Freedman. Rainer Maria Rilke. Übersetzt von Curdin Ebneter. Zwei Bände in Kassette. Auch einzeln lieferbar. Mit Abbildungen. Gebunden

- Erster Band: Der junge Dichter. 1875 – 1906. 460 Seiten
- Zweiter Band: Der Meister. 1906 – 1926. 650 Seiten

Zu Rainer Maria Rilke

Erinnerungen an Rainer Maria Rilke und Rilkes Mutter. Von Hertha Koenig. Mit Abbildungen. Herausgegeben von Joachim W. Storck. it 2697. 142 Seiten

NF 10/5/2.05

»Geschenkbücher«

Anthologien
im insel taschenbuch

Bäume. Von Hermann Hesse. Mit farbigen Fotografien von Pieter Jos van Limbergen. Ausgewählt von Volker Michels. it 2378. 178 Seiten

Bäume. Das Insel-Buch der Bäume. Gedichte und Prosa. Ausgewählt von Gottfried Honnefelder. Mit farbigen Abbildungen. it 1041. 286 Seiten

Blütenzauber. Die schönsten Blumengedichte. Ausgewählt von Gesine Dammel. Mit farbigen Fotografien. it 2422. 96 Seiten

Für immer und ewig. Das Buch für Paare. Ausgewählt von Günter Stolzenberger. it 2819. 250 Seiten

Frische Feigen. Ein literarischer Früchtekorb. Gepflückt von Hans Ulrich Hirschfelder. it 2646. 181 Seiten

Das Gartenbuch. Gedichte und Prosa. Ausgewählt von Hans Bender. Mit farbigen Fotografien. it 1803. 273 Seiten

Gute Besserung. Geschichten und Gedichte zum Gesundlesen. Ausgewählt von Günter Stolzenberger. it 2781. 205 Seiten

Jeder Morgen will Abend werden. Betrachtungen über die Vergänglichkeit. Ausgewählt von Herbert Schnierle-Lutz. it 2693. 196 Seiten

Die Kunst des Schlafens. Ausgewählt von Günter Stolzenberger. it 2657. 270 Seiten

NF 72/1/4.03

Das Leben lieben. Ausgewählt von Rainer Weiss.
it 2634. 160 Seiten

Die Lust am Rauchen. Geschichten und Gedichte vom blauen Dunst. Mit zahlreichen Abbildungen. Ausgewählt von Mario Leis. it 2956. 250 Seiten

Meer in Sicht. Geschichten von Wellen, Wind und weiten Stränden. Ausgewählt von Günter Stolzenberger.
it 2931. 250 Seiten

Die Rose. Herausgegeben von Beatrix Müller-Kampel. Mit farbigen Fotografien. it 2619. 179 Seiten

Rot oder weiß? Geschichten vom Wein. Herausgegeben von Susanne Gretter und Hans-Ulrich Müller-Schwefe.
it 2957. 240 Seiten

Die schönsten Gutenachtgeschichten. Zum Vorlesen vor dem Einschlafen. Ausgewählt von Günter Berg.
it 2887. 180 Seiten

Tage des Glücks. Lesestoff für schöne Stunden. Ausgewählt von Simone Frieling. it 2797. 191 Seiten

Träume sind wahr. Gedanken zur Nacht. Ausgewählt von Rainer Weiss. it 2737. 176 Seiten

Von der Versöhnung. Texte zum Nachdenken. Ausgewählt von Hans-Joachim Simm. it 2779. 160 Seiten

NF 72/2/4.03